Kohlhammer
Urban-
Taschenbücher
Reihe 80

Helmut Gochert

2.5.78



Band 814

Rolf Denker

# Aufklärung über Aggression

Fünfte, überarbeitete und erweiterte Auflage

Verlag W. Kohlhammer
Stuttgart Berlin Köln Mainz

Für Anne

1. Auflage 1966
2. Auflage 1968
3. völlig überarbeitete und erweiterte Auflage 1971
4. Auflage 1972
5. überarbeitete und erweiterte Auflage 1975


Stuttgart Berlin Köln Mainz
Verlagsort: Stuttgart
Umschlag: hace
Gesamtherstellung: W. Kohlhammer GmbH
Grafischer Großbetrieb Stuttgart
Printed in Germany
ISBN 3-17-002493-0

# Inhalt

# Vorwort

## I

Spätestens seit *Hegel* gilt der Maulwurf als höchst philosophisch aufgeklärt. Er arbeitet unbemerkt lange unter der Erde. Aber dann und wann treibt es ihn ans Licht. Kleine, nicht gerade kunstvolle Erdhaufen geben Kunde von den Wegen seiner unermüdlichen Arbeit. Doch wo er Hügel aufgeworfen hat, ist er selbst nicht mehr. Er gräbt neue Gänge. Aber die Hügel markieren das Feld seiner Tätigkeit.

In einer Arbeit, in der viel vom Tiervergleich gesprochen wird, mag ein metaphorischer Analogieschluß statthaft sein, denn solcher Feldarbeit gilt ebenso das Nachdenken über die rasche Entwicklung der Aggressionsforschung. Auch die Forscher sind meist theoretisch nicht mehr an der Stelle, die noch gerade eben die letzte Veröffentlichung als unbedingt notwendig erscheinen ließ. Dennoch wird es sich immer wieder als nützlich erweisen, die Wege der Aggressions-Forschung anhand wichtiger Veröffentlichungen nachzuzeichnen, um so die Richtung und die Tendenzen des Weiterfragens aufzuspüren und die neue Antworten versprechenden zu verstärken.

Als 1966 die erste Auflage dieser Studien und Materialien zum Aggressions-Thema erschien, war die Hauptabsicht, eher im Stile eines Pamphlets auf Probleme aufmerksam zu machen, denen offenbar nicht allgemein das nötige Interesse entgegengebracht wurde. Seither sind Aggressions-, Gewalt-, Konflikt- und Friedensforschung viel beachtete Forschungszweige geworden und geblieben. Gerade bei dieser viele Fächer beschäftigenden Thematik kann sich jede Darstellung der verschiedenen Forschungsansätze nur als Auswahl verstehen. Das Übersehen allein ermöglicht Übersicht.

Überlegungen zusammenfassende Darstellungen mit dem Willen zu strukturierender Information haben darum ihren Sinn. Soweit sie sich um kritische Reflexionsarbeit bemühen, erscheinen sie mir nicht unphilosophisch. So unerläßlich diese Arbeit auch auf die empirische Forschung in Einzelwissenschaften angewiesen ist, erbringt sie dennoch auf der Metaebene Beiträge zu einer philosophischen Anthropologie, die den Bezug zur politischen und pädagogischen Praxis nicht vergißt.

Trotz des Kopfschüttelns mancher Philosophen, die nur Philosophie für Philosophen wollen, bleibt das auch künftig richtig, solange die Anthropologie den Menschen nicht nur als Objekt von Forschung versteht, sondern daran festhält, daß Menschen in erster Linie immer absichtsvoll handelnde Subjekte sind.

Schon von der zweiten Auflage an hielt ich es für richtig, die Vermittlung von Informationen ganz in den Mittelpunkt zu rücken, gleichzeitig aber auch die Kritik an manchen der dargestellten Positionen nachdrücklicher zu äußern. Bei Berücksichtigung jeweils neuer Veröffentlichungen mußte auch bei jeder späteren Neuauflage der Text überarbeitet und erweitert werden. Wurden in der dritten Auflage die gesellschaftlichen Aspekte deutlicher herausgestellt, so jetzt die Ansätze der Lern-Theorie und die Versuche zur Synthese der verschiedenen Forschungsansätze.

Auch ich selbst habe mich in meinem Buch »Angst und Aggression«, das in der gleichen Reihe (Band 853) 1974 als Fortsetzung dieser Studie erschienen ist, um eine vermittelnde Synthese bemüht. Den Ausgangspunkt bildet die Feststellung, daß trotz intensivster Forschung seit dem Beginn dieses Jahrhunderts der immer wieder behauptete Aggressionstrieb nicht entdeckt werden konnte, weil es ihn mit an Sicherheit grenzender Wahrscheinlichkeit nicht gibt. Stattdessen läßt sich, ausgehend vom späten *Freud* und in Anknüpfung an die Frustrations- und Lern-Theorie – sowie die Gehirnphysiologie –, eine komplexe Frustrations-Angst: Flucht-Aggressions-Schaltung nachweisen. Unerläßlich ist immer die genaue Analyse der jeweiligen Situation und des auf sie reagierenden Subjekts im jeweils zu verstehenden Einzelfall aggressiven Verhaltens.

Sind einzelne Aspekte einer solchen Synthese noch weiterer empirischer und theoretischer Klärung bedürftig, besteht wohl inzwischen eine gewisse Übereinstimmung darüber, daß Aggressions- und Fluchtverhalten nur zusammen angemessen erklärt werden können. Die Wahrheit liegt nicht – wie übrigens so oft nicht – in der Mitte zwischen den einzelnen theoretischen Konzepten, sondern verweist auf ganz andere, bisher zu wenig berücksichtigte Kontexte, von denen der wichtigste mit dem Stichwort Angst anzugeben ist.

Damit beginnt eine dritte Phase in der Aggressionsforschung, wenn man die Diskussionsentwicklung so gliedert, daß in einer ersten Phase von verschiedenen Wissenschaftlern aus sehr verschiedenen Wissenschaften unabhängig voneinander Hypothesen – oder doch wenigstens Thesen – aufgestellt wurden und in einer zweiten Phase die Anhänger der einzelnen Ansätze – zuweilen höchst unsachlich – voneinander Distanz suchten.

Zu hoffen bleibt, daß zunehmendem Konsensus in der Theorie menschenfreundlichere Konsequenzen in der Praxis folgen.

Die Übersetzung der früheren Auflagen ins Holländische und Spanische, die vielen Kritiken, Rezensionen, Zitationen und Einladungen zu Vorträgen und Diskussionen haben eine günstige Aufnahme dieser Arbeit bei Theologen, Philosophen, Psychoanalytikern, Psychologen, Soziologen und Politologen gezeigt. Nur die Tier-Verhaltensforscher haben auf die Darlegungen hilflos reagiert. Einer schrieb, der Verfasser glaube wie *Fidel Castro* und *Mao* an das Gute im Menschen. Sie haben überlegen festgestellt, daß der Autor die Kenntnisse der Verhaltensforschung nicht erweitert, aber nicht verstanden, daß es eine wichtige, bisher selten geleistete Aufgabe ist, die weitreichenden Folgerungen aus empirisch gewonnenen Kenntnissen ideologiekritisch zu reflektieren. Das aber hatte der Autor über seine Beiträge zur Geschichte der Aggressionsforschung hinaus gewollt.

## *II*

Der Verfasser dieser Studie versucht, einen Blick über enge Fachgrenzen hinaus zu werfen, um ein Thema, das die Aufteilung unter verschiedene Fachgebiete auf die Dauer nicht verträgt, auf dem Wege der Information einzubringen in eine kritische Reflexion, die sich darum bemüht, im Sinne einer guten Tradition von Aufklärung, deren Aktualität aber auch erschreckender Dialektik wohl eingedenk, für eine menschenfreundlichere Regelung mitmenschlicher Belange einzutreten. Dabei wird es bei aller Bewunderung für die geduldige wissenschaftliche Arbeit und deren Ergebnisse darum gehen, den Punkt ausfindig zu machen, an dem Aufklärung in Mythologie umschlägt und Wissenschaft gesellschaftlich bedingten Vorurteilen unterliegt.
Philosophie, die sich ihrer großen Vergangenheit bewußt ist und sich darum heute scheut, für die Zukunft spekulativ Systeme auszubauen, sucht in solcher Reflexion auf einzelwissenschaftliche Forschungen den Grundgedanken herauszuarbeiten, von dem ausgehend Menschen in eigener Verantwortung ihre Aufgabe übernehmen, ihr Zusammenleben durch Bändigung der Aggression und Weckung des Eros menschenfreundlicher einzurichten. (Vgl. W. *Schulz* 1965, 592.)
In einer Zeit, in der der von vielen zeitweilig gehegte Gedanke, daß nach Auschwitz nie mehr ein Auschwitz möglich sein könne, bereits wieder fragwürdig geworden ist, scheint kein Thema so allgemein Interesse zu verdienen, wie das

besonders durch die Verhaltensforschung in weiten Kreisen bekanntgewordene Thema der Aggression. Als es seinerzeit am Beginn dieses Jahrhunderts im Umkreis der Psychoanalyse aufgebracht wurde, war das nicht der Fall. Selbst *Freud* hielt das Thema anfangs für abwegig, bis er im Laufe seiner späteren Metapsychologie sich genötigt sah, der Aggression eine entscheidende Bedeutung beizumessen und sie in die Deutung der Grundstrukturen des seelischen Apparates einzubeziehen.

Doch ehe wir auf ihn und andere Autoren eingehen, ist ein Blick in die Vorgeschichte und Geschichte des Problems – unter besonderer Berücksichtigung der Schriften *Kants* und *Darwins* – nötig.

Nach *Lorenz* sind in die Vorgeschichte dieses Themas alle theologischen und metaphysischen Spekulationen über das Böse, Sünde und Erbsünde zu rechnen (vgl. *Werner* 1947; *Löwith* 1966). Bis zum Ende der Philosophie des deutschen Idealismus habe man sich dagegen gesträubt, rationale bzw. kausale Erklärungen für wichtige Phänomene des menschlichen Lebens zu suchen, weil man fürchtete, durch solche Erklärungen das menschliche Leben zur Maschine herabzuwürdigen. Nur mit Nebensächlichkeiten habe man sich befaßt. Aus solchen Versäumnissen seien verheerende Folgen für das menschliche Zusammenleben erwachsen, wie *Lorenz* ausführt: »So kommt es, daß wir heute zwar über die Funktionen des menschlichen Darms genügend wissen, um die Ursachenverkettung zu durchschauen und, wenn sie im Krankheitsfalle versagen, durch entsprechende Einwirkungen wiederherzustellen, über die sozialen Instinkte des Menschen dagegen so gut wie gar nichts wissen und daher den vernichtenden Auswirkungen des menschlichen Aggressionstriebes so machtlos gegenüberstehen wie ein Wilder Blitz und Donner« (1965 a, 9 u. 1963, 337).

Da es gegen die modernen Selbstvernichtungsmöglichkeiten keinen Blitzableiter geben kann, weil der Blitz schon das Ende ist, kommt es darauf an, die Aggression und die ihr zugehörigen Todeswünsche, Verdrängungs- und Abwehrmechanismen aufzudecken, um das Verhalten der Menschen und ihre Institutionen so zu ändern, daß der menschenmögliche tödliche Blitz nie ausgelöst werde.

## *III*

Über den Rahmen dieser Publikation hinausgehend, versuchte der Autor in den letzten Jahren von verschiedenen Seiten her der Frage nachzugehen, warum es in Gesellschaft und Politik nicht so vernünftig zugeht, wie es theoretisch denkbar wäre. Mit dieser Frage wird das Problem des Absurden aus der Ontologie heraus dahin gebracht, wo es hingehört: in den Bereich der Menschen und die Beziehungen zwischen ihnen.

Durch die politischen Veränderungen der letzten Zeit und eingehende Beschäftigung mit der kritischen Theorie und der zu ihr gehörenden Tradition der Aufklärung, einschließlich der Konzeption der marxistischen Theorie und der an ihr orientierten Psychoanalyse, ist der Verfasser inzwischen dazu gekommen, die Aggressionstheorie in Richtung gesellschaftlicher Analysen zu hinterfragen und meint jetzt, den Hauptakzent auf die Veränderung der Gesellschaft und die Entwicklung der Widersprüche legen zu müssen, unter Berücksichtigung der mit der Gesellschaft sich ändernden Theorien über sie. Da die erwartete Revolution in Deutschland nicht stattfand, sind heute die bürgerlichen Theorien über die bürgerliche Gesellschaft in wesentlichen Punkten »richtiger« als die marxistischen. Dem ist nachzugehen, z. B. in der Interpretation der *Hegel*schen Rechtsphilosophie. So sehr die Aggressivität auf die Struktur des Menschen verweist, ist doch mit der Analyse ihrer Ursachen und Auswirkungen nicht viel geklärt, solange die gesamtgesellschaftlichen Kon-

stellationen und Widersprüche nicht genauer erfaßt und beschrieben sind: Ohne Dialektik keine Aggression, keine Dialektik ohne Aggression. (Vgl. Denker 1968 a, 1969.)
Mögen dem einer in sich stimmigen Auslegung verpflichteten Leser manche Ausführungen zu montagehaft und naiv vorkommen, der Autor sieht darin ein Kunstmittel, nicht ohne didaktische Nebenabsichten.
Unter anderen Voraussetzungen mochte die Wahrheit wohl erst das Ganze sein, heute liegt sie eher im Fragment. Wenn seine Blätter auch nicht die ganze Welt bedeuten, könnte doch vielleicht von einigen von ihnen ein Schein wie von einem Licht auf einige Gegenstände so fallen, daß sie etwas deutlicher sichtbar werden: Aufklärung.
Vielleicht kann diese Arbeit weiterhin dazu beitragen, daß Menschen in ungezwungener Diskussion über sich selbst und ihr Leben miteinander nachdenken, gedrängt von der Frage, wie Aggression und Gewalt im privaten und politischen Bereich zum Wohle und Frieden aller gebändigt werden können. Der Leser möge so seinen Unmut über den Autor, der es auch nicht besser weiß, politisch reflektieren.

August 1975 R. D.

# Einleitung

Daß wir, wenn wir frei leben wollen, notwendig und dringend einen Zustand des Weltfriedens brauchen, ist eine Einsicht, die in den letzten Jahren zunehmend mit der Zustimmung aller Wissenden rechnen darf. Wie aber alle Menschen guten Willens zusammenarbeiten können, um diesen Frieden zu verwirklichen, ist bisher nicht geklärt. Und während wir uns Zeit lassen, über diese Probleme nachzudenken, wird vielerorts auf der Welt die Totenliste fortgesetzt. – Nach Berechnung von Gelehrten aus der Schweiz wurden in den feststellbaren bisherigen Kriegen 3 Milliarden 640 Millionen Menschen getötet. –

Was können vernünftige Menschen heute unter Frieden verstehen? Sie träumen sicher nicht von der Wiederkehr eines arkadischen Schäferlebens *(Kant)* im Sinne des Paradieses am Anfang der Zeiten, in dem alle Menschen in edler Harmonie zusammenleben – ein Denken in dem Ursprung und Ziel identisch wären. –

Sie fordern ein Schweigen der Waffen bei der Lösung aller denkbaren Auseinandersetzungen und internationalen Konflikte und fordern ebenso die Nichtanwendung aller Mittel einer chemisch-biologischen Kriegsführung. Alle Konflikte sind auf kühlem Wege, vorwiegend durch Verhandlungen, zu lösen, wobei auch Sorge zu tragen ist, daß hier nicht eine neue Form von Gehässigkeit im Sinne des kalten Krieges entsteht, denn auch die Drohung mit Gewalt bleibt Gewalt. Daraus folgt aber kein Aufhören aller Konflikte. Ein Aufhören aller Konflikte bedeutete auch das Ende allen möglichen Wandels *(Dahrendorf)*, also Erstarren des gesellschaftlichen Lebens.

Aber das Schweigen der Waffen allein bringt noch keinen Frieden. Von diesem könnte erst die Rede sein bei, im Weltmaßstab, gelungenen Formen des Zusammenlebens unter politischen Verfassungen, die, unter Garantie der Freiheit, dem einzelnen die Chance des eigenen Glücks einräumen, bei der vorrangigen Sorge um soziale Gerechtigkeit. Herbert *Marcuse* hat gesagt, daß das technisch-wirtschaftliche Potential der Welt heute längst ausreiche, um allen Menschen ein Leben ohne Hunger, Krankheit und andere Not zu garantieren, daß nur die Verteilung falsch sei.

Ich behaupte, daß der Stand der wissenschaftlich fundierten Kenntnisse längst ausreicht, um ein friedvolles Zusammenleben der Staaten untereinander und der Menschen in den einzelnen Staaten miteinander zu gewährleisten. Es fehlt aber bisher an Koordination und Zusammenfassung der Forschungsergebnisse und es fehlt an Zusammenarbeit der Forscher miteinander, trotz der etlichen Forschungsinstitute in vielen Ländern, die sich mit solchen Fragen befassen. Darum hat Bundespräsident *Heinemann* recht, daß wir dringend eine Friedens*forschung* brauchen, aber auch Sorge tragen müssen, daß wir nicht am Ende statt des Weltfriedens nur Friedensforschungsinstitute einrichten. Wichtiger als die gute Theorie ist in diesem Bereich die Einlösung des Wissens im weltweiten Maßstab und die Weckung des guten Willens dazu. Es gibt keinen Frieden, wenn wir nicht wissen, wie er zu erreichen ist und welche Qualitäten er haben muß. Es gibt aber auch keinen Frieden, trotz dieses Wissens, wenn die Menschen ihn nicht dringender als alles andere wollen.

Unter den wissenschaftlichen Ansätzen, die sich heute mit derartigen Fragen befassen, bedürfen diejenigen aus Psychoanalyse, Sozialpsychologie und Verhaltensforschung besondere Beachtung, die sich mit Feindseligkeit, Haß und Aggressivität wissenschaftlich auseinandersetzen. Obwohl gerade in den Theorien dieser Forschungsrichtungen der Übergang von der aggressiven Auseinandersetzung einzelner zur Aggression von Gruppen in der Größe moderner Staaten bisher noch nicht gelungen zu sein scheint.

Damit soll aber nicht in reduktionistischer Weise behauptet werden, die internationalen Konflikte rührten aus nichts anderem her, als aus der individuell produzierten Aggressivität, sondern nur, daß man diese Aspekte nicht ganz außer acht lassen darf.

Friedensforschung, die heute mit dem Anspruch auftreten will, wissenschaftlich ernstgenommen zu werden, muß mindestens die vier folgenden Aspekte genauestens untersuchen:

1. Den Menschen, seine Antriebsstruktur, seine Bedürfnisse, Wünsche usw. – Dieser Aspekt steht in den folgenden Ausführungen im Mittelpunkt.
2. Das Zusammenleben im Nahbereich der Gruppen und Organisationen in Gesellschaft und Staat.
3. Die Sozialstrukturen und politischen Verfassungen der einzelnen Staaten.
4. Die internationalen Beziehungen, Bündnissysteme, Militärpakte, Angriffs- und Verteidigungsstrategien, die internationalen Organisationen.

Ich wende mich diesem Forschungsbereich aber nicht allein von der Psychoanalyse her zu, sondern auch von der Frage her, welche philosophischen Konsequenzen sich aus diesen wissenschaftlichen Forschungsergebnissen für das gesellschaftliche Leben und Zusammenleben ableiten lassen. –

Die Philosophen haben es lange vergessen, daß *Kant* in seiner Schrift ›Zum ewigen Frieden‹ ihnen die Pflicht auferlegte, über die Bedingung und Möglichkeit eines Weltfriedens nachzudenken. Erst wenn sich die Philosophen auf diese Aufgabe besinnen, bekommt auch *Kants* ›Geheimer Artikel zum ewigen Frieden‹ im zweiten Zusatz der 2. Auflage seiner Friedensschrift wieder Berechtigung, der die Forderung enthält: »Die Maximen der Philosophen über die Bedingungen der Möglichkeit des öffentlichen Friedens sollen von den zum Kriege gerüsteten Staaten zu Rate gezogen werden.«

*Empfohlene Lektüre zum Gesamtthema:* Scott 1958; Buss 1961; Berkowitz 1962; Merz 1965; Hitschmann 1948; Montagu 1968; Koestler 1968; Fromm 1968; Denker 1968 a; Häsler 1969; Rattner 1971[2] – Brown 1962; Plessner 1964; – Fenichel 1935; Kroner 1970 – Krippendorff 1968; Senghaas 1970. – Nachdrücklich möchte ich auf einen Sammelband hinweisen, in dem wichtige Arbeiten zur Aggressionsforschung von Freud bis zur Gegenwart zusammengestellt sind: Megargee, Edwin I. and Hokanson, Jack E. (1970): The Dynamics of Aggression. Individual, Group, and International Analyses. New York, Evanston, and London; Hacker 1971 u. 1973; Plack 1973; Fromm 1974; Denker 1974; Fürntratt 1974 – über 1000 Lit.-Ang.; Ullmann 1974 – darin eine überzeugende Unterrichtseinheit zum Gesamtthema; Galtung 1975.

# Kant (I)

Den Rahmen der philosophischen Orientierung sollen Grundgedanken der Geschichtsphilosophie und Ethik *Kants* bilden.

In praktischer Hinsicht lassen sich die Neigungen (ihre nähere Abgrenzung von den Instinkten im Kapitel Kant II Lorenz' Kant-Kritik) als das bestimmen, was der Mensch am liebsten tut. Sie sind Äußerungen der ›Selbstliebe‹ (Grundlegung zur Metaphysik der Sitten IV 53), bzw. des eigensinnigen, ›ungeselligen‹ Teils der menschlichen Natur (Idee zu einer allgemeinen Geschichte in weltbürgerlicher Absicht VI 37). Alle Vernunftbemühungen in praktischer Hinsicht gelten dem Versuch, gegen diese Naturbedingung (38) die moralischen Bestimmungen durchzusetzen. Dynamik und Entwicklung in der menschlichen Gattung stammen aus diesem ›Antagonismus‹ der ›ungeselligen Geselligkeit‹ (37) der Menschen, oder modern ausgedrückt, aus dem Konflikt zwischen Selbstliebe und sozial-moralischer Bestimmung.

Der Mensch als aus der Vernunft lebendes Wesen, das instinktentbunden sich seine ›Lebensmittel‹ selbst schaffen muß, strebt danach, eine vernünftige bürgerliche Ordnung zu entwerfen und in Institutionen zu festigen (39 ff.), aber die Natur (hier mit göttlichen Fähigkeiten ausgestattet), die als Selbstliebe im Menschen wirksam bleibt, treibt ihn immer wieder dazu an, ›alles bloß nach seinem Sinne‹ (38) auszurichten. In diesem Streben trifft er aber auf den Widerstand und Wettbewerb der anderen Menschen, die genau wie er selbst ihre Selbstliebe aggressiv mit Nachdruck in Ehrsucht, Habsucht und Herrschsucht durchsetzen wollen (ähnlich der Theorienbildung *Freuds* nach Einführung der Ichtriebe, vgl. Kapitel über Freud).

Aufgabe des Menschen wird es, in Schritten der Aufklärung (vgl. Beantwortung der Frage: Was ist Aufklärung? VI 53 ff.) sich allmählich aus der ›Rohigkeit‹ solcher Einstellung herauszuarbeiten, um endlich nach vielen Umwegen des Lernens aus Schaden das Zusammenleben in der Gesellschaft in ein ›moralisches Ganzes‹ (Idee zu einer allgemeinen Geschichte VI 38) zu verwandeln, das seiner Genese wegen als ›*pathologisch*-abgedrungene Zusammenstimmung‹ gekennzeichnet werden muß.

Man darf nach der ›Grundlegung zur Metaphysik der Sitten‹ in *Kant* wohl selbst einen ›*Newton*‹ oder doch wenigstens einen ›*Kepler*‹ der Ethik sehen, der mit der begrifflichen Fassung des kategorischen Imperativs das Grundgesetz sittlicher Entscheidungen aufdeckte (IV 30 ff.). Unter dem Gesichtspunkt der Selbstliebe gesehen formuliert *Kant* die Überlegungen der moralischen Entscheidung im Sinne des kategorischen Imperativs einmal so: Es gilt, die Vorschläge der Selbstliebe mit der Selbstliebe der anderen Menschen zu konfrontieren. Was würde geschehen, wenn jeder so handeln würde, wie ich es jetzt möchte; könnte ich die Maxime eines solchen Handelns in ein allgemeines Gesetz verwandeln (Grundlegung zur Metaphysik der Sitten IV 53). Wenn das theoretisch durchgespielt, notwendig zu Widersprüchen führt, darf die Handlung nicht ausgeführt werden. Die Aufnahme der Selbstliebe in Maximen moralischer Entscheidung würde zur Begründung des Bösen führen (Die Religion innerhalb der Grenzen der bloßen Vernunft, erstes Stück, Von der Einwohnung des bösen Prinzips neben dem Guten; oder über das radikale Böse in der menschlichen Natur IV 665 ff.).

Der Mensch möchte auf dem Wege der Versittlichung also Ordnung, bürgerliche und letztlich weltbürgerliche Ordnung, die das Höchstmaß an möglicher Freiheit für den einzelnen garantiert. Aber bei dem angeborenen Hang des Menschen zur Bequemlichkeit würden die Menschen ohne Mithilfe der Natur den Ansporn zu ständiger Umgestaltung ihrer Lebensverhältnisse zu diesem Ziel hin nicht haben. Um die notwendige Bewegung und Entwicklung zu sichern, weckt darum die Natur durch ihren Anteil in der menschlichen Selbstliebe immer wieder Zwietracht, um im Ganzen dann schließlich nach einem ›ganzen Heer von Mühseligkeiten‹ die volle Entfaltung ihrer Vernunftpläne zu erreichen, in die auch die Vernunftbemühungen des Menschen einbezogen sind. Sie ist also zwiefach – und so dialektisch – am Werk, und gewährleistet nur durch diese List den Fortschritt des Menschengeschlechtes (wir werden diesem Interpretationsschema bei *Lorenz* wieder begegnen, allerdings im Unterschied zu *Kant* mit einer ganz anderen Entmündigung des Menschen). Zwei Belege mögen diese Auslegung unterstützen:

»Da nur in der Gesellschaft, und zwar derjenigen, die die größte Freiheit, mithin einen durchgängigen Antagonism ihrer Glieder, und doch die genauste Bestimmung und Sicherung der Grenzen dieser Freiheit hat, damit sie mit der Freiheit anderer bestehen könne, – da nur in ihr die höchste Absicht der Natur, nämlich die Entwickelung aller ihrer Anlagen, in der Menschheit erreicht werden kann, die Natur auch will, daß sie diesen, so wie alle Zwecke ihrer Bestimmung, sich selbst verschaffen solle: so muß eine Gesellschaft, in welcher *Freiheit unter äußeren Gesetzen* im größtmöglichen Grade mit unwiderstehlicher Gewalt verbunden angetroffen wird, d. i. eine vollkommen *gerechte bürgerliche Verfassung*, die höchste Aufgabe der Natur für die Menschengattung sein; weil die Natur, nur vermittelst der Auflösung und Vollziehung derselben, ihre übrigen Absichten mit unserer Gattung erreichen kann.« (Idee zu einer allgemeinen Geschichte VI 39.)

Auf sich selbst verwiesen würden die Menschen ein bequemes Schäferleben vorziehen, wie *Kant* sehr anschaulich ausmalt:

»Ohne jene, an sich zwar eben nicht liebenswürdige, Eigenschaften der Ungeselligkeit, woraus der Widerstand entspringt, den jeder bei seinen selbstsüchtigen Anmaßungen notwendig antreffen muß, würden in einem arkadischen Schäferleben, bei vollkommener Eintracht, Genügsamkeit und Wechselliebe, alle Talente auf ewig in ihren Keimen verborgen bleiben: die Menschen, gutartig wie die Schafe die sie weiden, würden ihrem Dasein kaum einen größeren Wert verschaffen, als dieses ihr Hausvieh hat; sie würden das Leere der Schöpfung in Ansehung ihres Zwecks, als vernünftige Natur, nicht ausfüllen.« (38)

Nach *Kant* ist es dabei unumgänglich, daß auf dem Wege dieser Entwicklung immer wieder ›Übel‹ entstehen, er sieht aber auch – wie noch moderne Theoretiker, z. B. *Dahrendorf* – die positiven Wirkungen solcher Konflikte. Sie führen immer erneut ›zur neuen Anspannung der Kräfte‹.

Mit einer sonst bei ihm seltenen Feierlichkeit spricht *Kant* darum der Natur auch für diese Seite ihres Wirkens seinen Dank aus:

»Dank sei also der Natur für die Unvertragsamkeit, für die mißgünstig wetteifernde Eitelkeit, für die nicht zu befriedigende Begierde zum Haben, oder auch zum Herrschen! Ohne sie würden alle vortreffliche Naturanlagen in der Menschheit ewig unentwickelt schlummern. Der Mensch will Eintracht; aber die Natur weiß besser, was für seine Gattung gut ist: sie will Zwietracht. Er will gemächlich und vergnügt leben; die Natur will aber, er soll aus der Lässigkeit und untätigen Genügsamkeit hinaus, sich in Arbeit und Mühseligkeiten stürzen, um dagegen auch Mittel auszufinden, sich klüglich wiederum aus den letztern heraus zu ziehen. Die natürlichen Triebfedern dazu, die Quellen der Ungeselligkeit und des durchgängigen Widerstandes, woraus so viele Übel entspringen, die aber doch auch wieder zur neuen Anspannung der Kräfte, mithin zu mehrerer Entwickelung der Naturanlagen antreiben, verraten also wohl die Anordnung eines weisen Schöpfers; und nicht etwa die Hand eines bösartigen Geistes, der in seine herrliche Anstalt gepfuscht oder sie neidischer Weise verderbt habe.« (38 f.)

*Empfohlene Lektüre:* Kant 1960; Denker 1968 a u. 1974.

## Darwin

Der erste Forscher, der fern aller metaphysischen Spekulation mit nüchternem Blick sich dem Phänomen der Aggression zuwandte, war Charles *Darwin.* Er hat in seinem 1859 erschienenen Buch ›The Origin of Species by Means of Natural Selection or The Preservation of favoured Races in the Struggle for Life‹ nicht nur das Stichwort vom Kampf ums Dasein aufgebracht, sondern diesen Kampf auch anschaulich beschrieben:

»Nichts ist leichter, als ganz allgemein die Existenz des Kampfes ums Dasein zuzugeben; nichts aber ist schwerer (wie ich wenigstens herausgefunden habe), als die Existenz des Kampfes ums Dasein beständig im Auge zu behalten. Ehe wir nicht tief von ihr durchdrungen sind, werden wir den Haushalt der Natur mit all seinen Einzelheiten der Verbreitung, der Seltenheit, des Häufigseins, des Aussterbens und der Veränderung der Geschöpfe nur halb begreifen oder gar völlig falsch verstehen. Wir sehen das Antlitz der Natur heiter erstrahlen; wir sehen überall nur Überfluß an Nahrung. Aber wir sehen nicht oder übersehen, daß die Vögel, die sorglos rings um uns singen, von Insekten oder Samen leben und damit ständig Leben vernichten. Oder wir vergessen, daß viele dieser Sänger oder ihre Eier und Nestlinge von Raubvögeln und anderen Feinden vernichtet werden.« (1963, 100 f.) Ausführlich beschreibt *Darwin* die Notwendigkeit des Kampfes ums Dasein im Ökonomiehaushalt des Lebendigen als notwendige Folge des stark entwickelten Strebens aller Lebewesen, sich zu vermehren:

»Da also mehr Individuen ins Leben treten als bestehen können, so muß auf jeden Fall ein Kampf ums Dasein stattfinden, entweder zwischen Individuen derselben oder verschiedener Arten oder zwischen Individuen und äußeren Lebensbedingungen. Das ist die Lehre von Malthus mit verstärkter Kraft auf das ganze Tier- und Pflanzenreich angewendet, denn in unserem Falle ist keine künstliche Vermehrung der Nahrungsmittel und keine vorsichtige Eheenthaltung möglich. Obwohl sich einige Arten mehr oder minder rasch vermehren: alle können es nicht tun, weil sonst die Erde sie nicht fassen könnte.

Es gibt keine Ausnahme von der Regel, daß sich jedes organische Wesen auf natürlichem Wege so stark vermehrt, daß, wenn es nicht der Vernichtung ausgesetzt wäre, die Erde bald von den Nachkommen eines einzigen Paares erfüllt sein würde. Selbst der sich langsam vermehrende Mensch verdoppelt in fünfundzwanzig Jahren seine Kopfzahl; wenn also alle Kinder heranwüchsen, würde seine Nachkommenschaft nach kaum einem Jahrtausend buchstäblich keinen Platz zum Stehen mehr finden.« (1963, 102 f.)

Es folgt dann die Akzentuierung im Sinne der von der modernen Verhaltensforschung sogenannten intraspezifischen Aggression:

»Da die Arten einer Gattung meist (nicht immer) große Ähnlichkeit in ihrer Gewohnheit und ihren Bedürfnissen, vor allem aber im Körperbau haben, so ist der Kampf zwischen ihnen, wenn sie in Wettbewerb treten, im allgemeinen heftiger als zwischen Arten verschiedener Gattungen . . . Wir können zwar dunkel erkennen, warum sich der Wettbewerb zwischen verwandten Arten, die im Haushalt der Natur fast denselben Platz einnehmen, so heftig äußert, aber wahrscheinlich können wir in keinem Fall ermitteln, warum im großen Kampf ums Dasein eine Art die andere besiegte.« (1963, 116 f.)

Als wolle er seine grauenvolle Beschreibung mildern, fügt er am Schluß des Kapitels hinzu:

»Alles was wir tun können, ist: stets im Gedächtnis behalten, daß jedes Lebewesen eine Vermehrung im geometrischen Verhältnis anstrebt und daß jedes in einer gewissen Zeit seines Lebens, in einer gewissen Jahreszeit, während einer bestimmten Generation oder sonstwie den Kampf ums Dasein führen muß und starken vernichtenden Einflüssen ausgesetzt ist.

Denken wir über diesen Punkt nach, so können wir uns mit dem festen Glauben trösten, daß der Krieg der Natur nicht ununterbrochen andauert, daß kein Geschöpf Furcht vor ihm empfindet, daß der Tod gewöhnlich rasch kommt und daß der Kräftigste, Gesündeste und Glücklichste die andern überlebt und sich fortpflanzt.« (1963, 119)

*Darwin* selbst gibt sich Mühe, immer wieder zu betonen, daß der Begriff des Daseinskampfes mehr gleichnishaft zu verstehen ist:

»Es sei vorausgeschickt, daß ich die Bezeichnung ›Kampf ums Dasein‹ in einem weiten metaphorischen Sinne gebrauche, der die Abhängigkeit der Wesen voneinander, und was noch wichtiger ist: nicht nur das Leben des Individuums, sondern auch seine Fähigkeit, Nachkommen zu hinterlassen, mit einschließt.« (1963, 101)

Seine Epigonen aber haben sich bemüht, den Kampf ums Dasein durch Ausschmückung zu übertreiben, ohne durch neue Forschungen differenziertere Fakten beizubringen. Als Beispiel mag eine Äußerung schon von Thomas *Huxley*, dem bedeutenden Zeitgenossen Darwins, stehen. Er spricht davon, daß »vom Gesichtspunkt des Moralisten die Tierwelt ungefähr auf demselben Niveau sei wie der Gladiatorenkampf. Die Kämpfer werden gut genährt und zum Kampf losgelassen, wobei der Stärkste, Behendeste und Geriebenste leben bleibt, um noch am nächsten Tag zu kämpfen. Der Zuschauer braucht seinen Daumen nicht zu senken, denn kein Pardon wird gegeben« (zitiert nach Tötungshemmung . . . 1965, 65 f.). Solcher Überbewertung und anthropomorphisierenden Beschreibung des Kampfes ums Dasein ist es nicht zuletzt zuzuschreiben, daß die Darwinisten bis in unser Jahrhundert hinein kaum auf den Gedanken kamen, die Daseinskämpfe genauer zu erforschen. Es blieben auch bis dahin alle Erscheinungen fast unbeachtet, die gegenseitige Hilfe und Gemeinschaftsleben der Tiere betreffen, trotz der Hinweise in *Darwins* Schriften.

Natürlich gibt es auch Ausnahmen unter den Forschern. So hat 1888 der russische Revolutionär Peter *Kropotkin*, verwirrt durch die Übertreibungen des populären Darwinismus, versucht, Darwins Hinweise auf Hilfeleistungen von Tieren aufzunehmen und zu ergänzen. Seine Aufsätze wurden 1890 bis 1896 in England veröffentlicht. Sie sind von Gustav *Landauer* ins Deutsche übersetzt worden. Aber die Arbeiten *Kropotkins* stellen mehr eine These auf, als daß sie in sachlichen Analysen neue Fakten beibrächten. Erst die gegenwärtige Verhaltensforschung mit Forschern wie *Heinroth, Lorenz, von Holst, Tinbergen* u. a. haben diese Aufgabe übernommen.

Besonderer Beachtung bedürfen in unserem Zusammenhang *Darwins* Ausführungen über den Daseinskampf beim Menschen, wie er ihn in ›The Descent of Man‹ (Die Abstammung des Menschen) 1871 nach langem Zögern schließlich veröffentlichte.

Zunächst ist der Mensch auf dem Wege der Selektion aus dem Tierreich hervorgegangen, aber mit der Zunahme des Intellekts vermochte er es, sein eigenes Geschick so in die Hand zu nehmen, daß es ihm möglich wurde, sich ohne weitere organische Veränderungen den verschiedensten Umwelten anzupassen.

»Wir wissen jetzt, daß der Mensch an Körper und Geist variabel ist, und daß die Abänderungen entweder direkt oder indirekt durch dieselben allgemeinen Ursachen veranlaßt werden und denselben allgemeinen Gesetzen folgen wie bei den tiefer stehenden Tieren. Der Mensch hat sich weit über die Oberfläche der Erde verbreitet und muß während seiner unaufhörlichen Wanderungen den verschiedenartigsten Bedingungen ausgesetzt gewesen sein ... Der Mensch ist jetzt, auch im rohesten Zustand, das dominierendste Tier, das je auf der Erde erschienen ist. Er hat sich weiterverbreitet als irgendeine andere hochorganisierte Form, und alle anderen sind vor ihm zurückgewichen. Offenbar verdankt er diese unendliche Überlegenheit seinen intellektuellen Fähigkeiten, seinen sozialen Gewohnheiten, welche ihn dazu führten, seine Genossen zu unterstützen und zu verteidigen, und seiner körperlichen Bildung. Die äußerst hohe Bedeutung dieser Eigenschaften ist durch die endgültige Entscheidung des Kampfes ums Dasein bewiesen worden. Durch seine intellektuellen Kräfte ist die artikulierte Sprache entwickelt worden, und von dieser war sein wundervoller Fortschritt im wesentlichen abhängig ... Die Entdeckung des Feuers, wahrscheinlich die größte, die je vom Menschen gemacht worden ist, die Sprache ausgenommen, erfolgte in der Zeit vor dem Dämmern der Geschichte.« (1923, 54 ff.)

Für das Zusammenleben der Menschen ist in ähnlicher Weise zu differenzieren wie für das der höheren Säugetiere. *Darwin* hatte das nicht so übersehen wie seine naiven Nachfolger. Er schreibt: »Es ist gewiß, daß in Gesellschaft lebende Tiere ein Gefühl von Liebe zueinander haben, welche erwachsene nichtsoziale Tiere nicht fühlen. Ob sie in den meisten Fällen wirklich mit den Schmerzen und Freuden der anderen sympathisieren, ist zweifelhafter, besonders hinsichtlich der letzteren.« (1923, 127) Die Sympathiegefühle beziehen sich aber nur auf die nach bestimmtem Verhalten zusammenlebende Gruppe. Alle anderen, fremden Tiere, auch der gleichen Art, sind davon ausgenommen. *Darwin* führt aus, »daß sich die Sympathie bei allen Tieren nur auf die Glieder derselben Gesellschaft erstreckt, also auf bekannte und mehr oder weniger geliebte, nicht aber auf alle Individuen derselben Art. Diese Tatsache ist nicht überraschender als die andere, daß sich die Furcht der Tiere auf ganz bestimmte Feinde bezieht ... Wie kompliziert aber auch der Ursprung dieses Gefühls sein mag, das jetzt von so hoher Bedeutung für alle Tiere ist, die einander helfen und verteidigen, sicher ist, daß die natürliche Zuchtwahl zu seiner Verstärkung beigetragen hat; denn diejenigen Verbände, in denen die größte Zahl der Mitglieder sich durch gegenseitige Sympathie auszeichneten, konnten am besten gedeihen und die größte Anzahl von Nachkommen erzielen.« (1923, 133 f.) In durchaus vergleichbarer Weise ist nach *Darwin* der Mensch soziales Tier:

»Da der Mensch ein soziales Tier ist, ist es ziemlich sicher, daß er eine Neigung zur Treue gegen seine Gefährten und zum Gehorsam gegen den Führer seines Stammes geerbt hat; denn diese Eigenschaften sind fast allen sozialen Tieren eigen. Er muß infolgedessen etwas Selbstbeherrschung besitzen. Eine ererbte Neigung würde ihn willig machen, gemeinsam mit anderen seine Genossen zu verteidigen und ihnen beizustehen in einer Weise, die nicht so sehr seinem eigenen Wohl und seinen eigenen starken Trieben entgegen ist.« (1923, 137) Diesen sozialen Bindungen innerhalb der Gruppe korrespondiert äußerst aggressives Verhalten gegen Gruppenfremde:

»Kein Stamm könnte ferner mehr zusammenhalten, wenn Mord, Raub, Verrat an der Tagesordnung wären. Folglich werden solche innerhalb eines Stammes ausgeführte Verbrechen mit ewiger Schmach gebrandmarkt, obgleich sie jenseits dieser Grenze nicht unter dieses Urteil fallen. Ein nordamerikanischer Indianer ist sehr mit sich zufrieden und findet den Beifall seiner Gefährten, wenn er einen Angehörigen eines anderen Stammes skalpiert; ein Dyak schneidet den Kopf eines ganz friedlichen Menschen ab und betrachtet ihn als Trophäe. Der Kindermord hat in der ganzen Welt im größten Maßstab geherrscht, ohne verurteilt worden zu sein. Im Gegenteil wurde der Mord von Kindern, besonders von Mädchen, als vorteilhaft für den Stamm, zum mindesten aber als ungefährlich betrachtet. Auch Selbstmord galt in alten Zeiten nicht allgemein als Verbrechen, er wurde vielmehr, als ein Beweis von Mut, als eine sehr tapfere Tat betrachtet. ... Man hat berichtet, daß ein indischer Thug es im tiefsten Herzen bedauerte, nicht ebenso viele Reisende beraubt und erwürgt zu haben wie sein Vater. In einem sehr rohen Zustand der Zivilisation wird also tatsächlich die Beraubung von Fremden allgemein als eine ehrenvolle Handlung angesehen.

Die Sklaverei ist ein Verbrechen, mag sie auch in alten Zeiten manches Wohltätige gehabt haben; doch selbst von den höchstzivilisierten Völkern ist sie bis in die jüngste Zeit anders beurteilt worden. Die Ursache davon war vor allen Dingen die Tatsache, daß die Sklaven meist von anderer Rasse waren als ihre Herren. Da Barbaren kein Gewicht auf die Meinung der Frauen legen, behandeln sie diese meist als Sklavinnen. Viele Wilde bleiben äußerst gleichgültig bei den Leiden eines Fremden, ja sie erfreuen sich sogar daran.« (1923, 148 f.)

*Darwin* sieht den entscheidenden Schritt der Verantwortung des Menschen in der Transzendenz dieser Kleingruppengefühle. Seine eigenen Triebe in den Dienst nehmend, kann es dem Menschen als vernünftigem Tier gelingen, den Übergang der Sympathiegefühle von wenigen, in engeren Verbindungen stehenden Menschen auf *alle* Menschen zu erreichen:

»Die wichtigsten Ursachen für den tiefen Stand der Moralität bei den Wilden, gemessen an der unseren, sind erstens die Einschränkung der Sympathie auf die Glieder desselben Stammes; zweitens die Unfähigkeit, die Bedeutung mancher Tugenden, besonders der das Individuum betreffenden, für die allgemeine Wohlfahrt des Stammes zu erkennen. So vermögen z. B. wilde Völker nicht den üblen Einfluß der Unmäßigkeit und der Unkeuschheit bis in seine fernsten Konsequenzen zu verfolgen. Die dritte Ursache ist die geringe Selbstbeherrschung; denn diese ist nicht gekräftigt worden durch eine langandauernde, vielleicht ererbte Gewohnheit, durch Unterricht und Religion . . .

Wenn der Mensch in der Kultur fortschreitet und kleine Stämme zu größeren Gemeinwesen sich vereinigen, so führt die einfachste Überlegung jeden Einzelnen schließlich zu der Überzeugung, daß er seine sozialen Instinkte und Sympathien auf alle, also auch auf die ihm persönlich unbekannten Glieder desselben Volkes auszudehnen habe. Wenn er einmal an diesem Punkte angekommen ist, kann ihn nur noch eine

künstliche Schranke hindern, seine Sympathien auf die Menschen aller Nationen und aller Rassen auszudehnen ...
Die Idee der Humanität ... diese Tugend, eine der edelsten, die dem Menschen eingepflanzt ist, scheint sich bei zunehmender Verfeinerung und Erweiterung unseres Wohlwollens nebenher zu entwickeln, bis sie mit der Ausdehnung desselben auf alle empfindenden Wesen ihren Höhepunkt erreicht. Sobald diese Tugend von einigen wenigen Menschen ausgeübt und verehrt wird, dehnt sie sich durch Unterricht und Beispiel auch auf die Jugend aus und eventuell auch auf die öffentliche Meinung.« (1923, 151 ff.)

*Empfohlene Lektüre:* Groh 1967; Hemleben 1968 – Lorenz 1965 c; Dobzhansky 1965; Altner 1966; Heberer 1966; Alland 1970; Menaker 1971; Lanham 1972.

## Marx und Engels über Darwin

Daß *Darwin* mit dieser Art der Akzentuierung Momente der eigenen zeitgenössischen Situation in die Tierwelt projiziert und daß diese Projektion aus dem Tierreich dann wieder von anderen Denkern auf die gesellschaftliche Situation zurückbezogen wird, um den wirtschaftlichen Konkurrenzkampf auf Leben und Tod als naturgegeben zu deuten, sei mit dem Hinweis auf *Marx* und *Engels* durch einige Zitate wenigstens angedeutet.
*Engels* hatte in der Vorrede zur englischen Ausgabe des ›Manifestes der kommunistischen Partei‹ geschrieben, daß *Marx'* Gedanke – die ganze bisherige Geschichte sei die Geschichte von Klassenkämpfen, von Kämpfen zwischen ausgebeuteten und ausbeutenden, beherrschten und herrschenden Klassen auf verschiedenen Stufen gesellschaftlicher Entwicklung – seiner Ansicht nach berufen ist, für die Geschichtswissenschaft den gleichen Fortschritt zu begründen, den *Dar-*

*wins* Theorie für die Naturwissenschaft bedeute (Vorwort zur deutschen Ausgabe des ›Kommunistischen Manifestes‹ von 1883) und: »Wie Darwin das Gesetz der Entwicklung der organischen Natur, so entdeckte Marx das Entwicklungsgesetz der menschlichen Geschichte« (Das Begräbnis von Karl Marx). *Marx* selbst schreibt am 16. Januar 1861 an *Lassalle:*
»Sehr bedeutend ist Darwins Schrift (On the Origin of Species . . .) und paßt mir als naturwissenschaftliche Unterlage des geschichtlichen Klassenkampfes.«
In einem Brief an *Engels* heißt es später:
»Mit dem Darwin, den ich wieder angesehn, amüsiert mich, daß er sagt, er wende die ›Malthussche‹ Theorie auch auf Pflanzen und Tiere an, als ob bei Herrn Malthus der Witz nicht darin bestände, daß sie *nicht* auf Pflanzen und Tiere, sondern nur auf Menschen – mit der geometrischen Progression – angewandt wird im Gegensatz zu Pflanzen und Tieren. Es ist merkwürdig, wie Darwin unter Bestien und Pflanzen seine englische Gesellschaft mit ihrer Teilung der Arbeit, Konkurrenz, Aufschluß neuer Märkte, ›Erfindungen‹ und Malthusschem ›Kampf ums Dasein‹ wiedererkennt. Es ist Hobbes' bellum omnium contra omnes, und er erinnert an Hegel in der Phänomenologie, wo die bürgerliche Gesellschaft als ›geistiges Tierreich‹, während bei Darwin das Tierreich als bürgerliche Gesellschaft figuriert« (Brief vom 18. Juni 1862).
Ähnlich heißt es in Äußerungen von *Engels:*
»Darwin wußte nicht, welch bittre Satire er auf die Menschen und besonders auf seine Landsleute schrieb, als er nachwies, daß die freie Konkurrenz, der Kampf ums Dasein, den die Ökonomen als höchste geschichtliche Errungenschaft feiern, der Normalzustand des *Tierreichs* ist. Erst eine bewußte Organisation der gesellschaftlichen Produktion, in der planmäßig produziert und verteilt wird, kann die Menschen ebenso in gesellschaftlicher Beziehung aus der übrigen Tierwelt herausheben, wie dies die Produktion überhaupt für die Menschen

in spezifischer Richtung getan hat. Die geschichtliche Entwicklung macht eine solche Organisation täglich unumgänglicher, aber auch täglich möglicher.« (Dialektik der Natur, Einleitung)

»Die ganze darwinistische Lehre vom Kampf ums Dasein ist einfach die Übertragung der Hobbesschen Lehre vom bellum omnium contra omnes und der bürgerlich-ökonomischen von der Konkurrenz nebst der Malthusschen Bevölkerungstheorie aus der Gesellschaft in die belebte Natur. Nachdem man dies Kunststück fertiggebracht . . . so rücküberträgt man dieselben Theorien aus der organischen Natur wieder in die Geschichte und behauptet nun, man habe ihre Gültigkeit als ewige Gesetze der menschlichen Gesellschaft nachgewiesen. Die Kindlichkeit dieser Prozedur springt in die Augen, man braucht kein Wort darüber zu verlieren. Wollte ich aber näher darauf eingehen, so würde ich es in der Weise tun, daß ich sie in erster Linie als schlechte *Ökonomen* und erst in zweiter Linie als schlechte Naturforscher und Philosophen darstellte.

Der wesentliche Unterschied der menschlichen von der tierischen Gesellschaft ist der, daß die Tiere höchstens *sammeln,* während die Menschen *produzieren.* Dieser einzige aber kapitale Unterschied allein macht es unmöglich, Gesetze der tierischen Gesellschaften ohne weiteres auf menschliche zu übertragen.« (Friedrich Engels an P. L. Lawrow, London 12.–17. November 1875)

*Engels* bestreitet keineswegs, daß in Tierreich und Menschenwelt vergleichbare Momente aufzudecken sind. So beschreibt er selbst in ›Die Entwicklung des Sozialismus von der Utopie zur Wissenschaft‹ die gesellschaftliche Situation mit Bezugnahme auf *Darwins* Theorie:

»Die große Industrie endlich und die Herstellung des Weltmarkts haben den Kampf universell gemacht und gleichzeitig ihm eine unerhörte Heftigkeit gegeben. Zwischen einzelnen Kapitalisten wie zwischen ganzen Industrien und ganzen Ländern entscheiden die Gunst der natürlichen oder geschaffnen Produktionsbedingungen über die Existenz. Der Unterliegende wird schonungslos beseitigt. Es ist der Darwinsche Kampf ums Einzeldasein, aus der Natur mit potenzierter Wut übertragen in die Gesellschaft. Der Naturstandpunkt des Tiers erscheint als Gipfelpunkt der menschlichen Entwicklung. Der Widerspruch zwischen gesellschaftlicher Produktion und kapitalistischer Aneignung stellt sich nun dar als *Gegensatz zwischen der Organisation der Produktion in der einzelnen Fabrik und der Anarchie der Produktion in der ganzen Gesellschaft.*«

*Engels* will aber nicht sagen, daß damit ewige unverrückbare Wahrheiten aufgedeckt seien. Ganz im Gegenteil ist er der Ansicht, »daß dies die höchste Blamage für die moderne bürgerliche Entwicklung sei, daß sie es noch nicht über die ökonomischen Formen des Tierreichs hinausgebracht habe. Für uns sind die sogenannten ›ökonomischen Gesetze‹ keine ewigen Naturgesetze, sondern historische, entstehende und verschwindende, Gesetze« (Engels an F. A. Lange am 29. März 1865).

Abschließend sei angemerkt, daß weder *Marx* noch *Engels* je der Ansicht gewesen sind, *Darwins* Theorie hätte den Industrialismus und die Ungerechtigkeiten des sozialen Lebens ausgelöst, sondern nur, daß sie damit erklärt und entschuldigt worden sind. Das muß gegen *Heberer* betont werden, der in seinem Nachwort zu einer neuen deutschen Ausgabe von ›Die Entstehung der Arten‹ schreibt:

»Welch eine Fülle von Mißdeutungen hat die Theorie Darwins, der ›Darwinismus‹, im Laufe eines Jahrhunderts außerhalb der biologischen Wissenschaft bis heute erfahren müssen, welche Wirkungen auf die Geschichte der Menschheit sind ihm zugeschrieben worden! Der ›Kampf ums Dasein‹ (so lautete die unglückliche Übersetzung des Ringens um die Existenz ins Deutsche) in der Natur, die ›rot an Zähnen und Klauen‹ (ein Wort von Tennysson) sei, wurde als Entschuldigung bezeichnet für die Ausbeutungspraktiken des industriellen Zeitalters, für die Rücksichtslosigkeiten des Merkantilismus, für die sozialen Kämpfe, für die Rassendiskriminierungen u. a. Als ob sich der Industrialismus auch ohne Darwins Theorie nicht so benommen hätte, wie er dies getan hat, als ob Bismarck wirklich (wie R. E. D. Clark 1954 meint) seine ›Angriffskriege‹ nicht auch geführt hätte, ohne vorher Darwin gelesen zu haben! Karl Marx glaubte den Darwinismus als naturwissenschaftliche Begründung seiner Lehren benutzen zu dürfen. Aber Darwin lehnte Marx ab.« (1963, 685 f.)

*Empfohlene Lektüre:* Fromm 1963 u. 1970; Groh 1967; Wyss 1969; Sève 1972; Krader 1973.

## Adler – Überbau-Aggressionstrieb

In diesem Jahrhundert war Georg *Simmel* wohl der erste, der in dem Kapitel »Der Streit« seiner um 1900 geschriebenen und 1908 veröffentlichten »Soziologie. Untersuchungen über die Formen der Vergesellschaftung« die Annahme eines eigenständigen Feindseligkeitstriebes theoretisch forderte. Er ließ dabei offen, ob es sich eher um einen spontanen oder reaktiven Trieb handelte. (Simmel 1958; s. a. Coser 1965; Denker 1967, 9–23)
Vermutlich ohne Kenntnis dieser Gedanken *Simmels* schrieb Alfred *Adler* 1908 die erste psychoanalytisch an der Aggressivität des Individuums orientierte Arbeit »Der Aggressionstrieb im Leben und in der Neurose« (Adler 1922; entspricht dem 1908 in Salzburg gehaltenen Vortrag »Der Sadismus im Leben und in der Neurose«).
*Adler* ist oft bitter verspottet worden als der Psychologe für Oberlehrer. Sein ganzes Unternehmen wurde als unwissenschaftlich abqualifiziert, höchstens dabei sein sozialer bzw. sogar sozialistischer Impuls belobigt. Ein sehr scharfer Angriff erfolgte z. B. durch *Popper* in seiner Arbeit ›Science:

Conjectures and Refutations«. (Popper 1965²) Er trifft in diesem Aufsatz die Unterscheidung zwischen Wissenschaft und Pseudo-Wissenschaft. Er vergleicht dabei die theoretischen Ansätze von *Einstein, Marx, Freud* und *Adler* und kommt zu dem Schluß, daß er nur die Arbeiten von *Einstein* als wissenschaftlich bezeichnen kann. Bereits im Sommer 1919 grübelte er darüber nach, warum viele seiner Freunde von diesen Theoretikern so fasziniert waren. Er meinte, es käme daher, daß mit diesen Theorien so ziemlich alles erklärt werden konnte, in den Bereichen für die sie aufgestellt waren: »Die Welt war voll Bestätigungen der Theorie.« Er schreibt, ein Marxist könne nicht die Zeitung aufschlagen, ohne auf jeder Zeile Belege marxistischer Gesellschaftsinterpretation zu finden und der Anhänger *Freuds* poche auf das klinische Beweismaterial. Von *Adlers* Vorgehen konnte er sich selbst in der Praxis überzeugen, da er zeitweilig mit ihm in der Jugendfürsorge zusammenarbeitete. Bei passender Gelegenheit versuchte *Popper* durch die Darlegung eines besonderen Falles *Adler* in Verlegenheit zu bringen.

»Einmal 1919, berichtete ich ihm über einen Fall, der mir nicht besonders *Adler*isch zu sein schien, aber er hatte keine Schwierigkeiten, den Fall mit der Theorie der Minderwertigkeitsgefühle zu interpretieren, obwohl er das zur Diskussion stehende Kind überhaupt nicht gesehen hatte. Leicht schockiert, fragte ich ihn, warum er so sicher sei. »Wegen meiner tausendfältigen Erfahrung« erwiderte er. Worauf ich mir nicht verkneifen konnte zu sagen: »Und mit diesem neuen Fall, nehme ich an, ist ihre Erfahrung tausend und ein-fältig geworden.« (a. a. O. S. 35) Im Zusammenhang mit solchen Vorfällen dämmerte *Popper* sein theoretischer Ansatz, daß eine Theorie, die durch konkrete Fälle nur bestätigt werden kann und die nur die passenden Fälle addiert, wissenschaftlich nichts wert ist:

»Es ist leicht, Bestätigungen für beinahe jede Theorie zu finden, wenn wir *nur* nach solchen suchen.«

Bestätigungen haben nur dann einen Wert, wenn sie das Ergebnis gewagter Voraussagen sind, darüber, daß sich bestimmte Dinge nicht ereignen dürfen. Je mehr eine Theorie verbietet, desto besser ist sie. Jede Prüfung einer Theorie muß ein Versuch sein, sie zu erschüttern, sie zu falsifizieren. Kein weiterer Fall, zu den vorhergehenden hinzugefügt, sichert sie mehr, aber ein einziger Fall, der dagegen spricht, erschüttert sie. *Popper* kommt zu dem Schluß: »Das Kriterium für den wissenschaftlichen Status einer Theorie ist ihre Falsifizierbarkeit, ihre Widerlegbarkeit oder Prüfbarkeit.« Nicht alle Philosophen sind so scharf gerade mit der *Adler*schen Individualpsychologie ins Gericht gegangen. Ich verweise nur auf *Sartre* und *Ortega y Gasset.* Beide haben in ihren existentiellen Ansätzen kräftig und meistens ohne nähere Angabe aus solcher Quelle geschöpft.

– Der Name Individualpsychologie ist eigentlich unglücklich gewählt. Man könnte genausogut von Sozialpsychologie sprechen und hat es auch getan. Besonders in Amerika gilt *Adler* als einer der hochgeschätzten Väter der Sozialpsychologie. – Jeder Mensch befindet sich von Geburt an in einer doppelten Situation der Minderwertigkeit. Die erste ist eine ontologische, bzw. anthropologische:

Wie vor ihm schon *Herder, Kant* u. a., und nach ihm besonders *Gehlen,* betrachtet *Adler* den Menschen als Mängelwesen, das von der Natur stiefmütterlich behandelt – im Vergleich zu den Tieren – sich mühevoll die Existenz sichern muß. Aber in dieser Situation der Minderwertigkeit liegt auch die Bedingung der Möglichkeit der Erhebung des Menschen über die Tiere. Die existentielle Not macht ihn erfinderisch, oder wie *Adler* sagt, er kompensiert seine Mängel in einem weit über das Tierische hinausgehende Maß.

Darüber hinaus ist aber jedes einzelne Individuum noch in spezieller Weise dem Problem der Minderwertigkeit ausgesetzt. Nach *Adler* hat jeder menschliche Organismus irgendwelche Stellen der Schwäche, z. B. Gehör, Augen, Magen

u. a. Und gerade diese minderwertigen Organe bestimmen das Individuum zu Akten der Kompensation in der Rivalität mit anderen, die das Individuum möglicherweise wegen der Schwächen verspotten, oder doch wenigstens könnten. Dadurch fühlt sich das Individuum herausgefordert, gerade diese schwachen Organe zu aktivieren, im Streben, den anderen gleich zu sein, oder sie zu übertrumpfen. Es kommt nicht nur zur Kompensation, sondern sogar zur Überkompensation. So wäre zu verweisen auf schwerhörige Komponisten wie *Beethoven*, auf magenkranke Köche, sprechbehinderte Rhetoren usw. Das besondere an *Adlers* Trieblehre ist nun, daß er alle Triebe auf eine primäre Organbetätigung zurückführt (vgl. seine Studie »Über die Minderwertigkeit von Organen«). Diese primären Organbetätigungen umfassen die ungestörten und ungehemmten Leistungen der Sinnesorgane, des Ernährungstraktes, der Atmung, der Bewegungsapparate und der Sexualorgane. Den Begriff der sexuellen Lust grenzt *Adler* im Gegensatz zu *Freud* dabei auf die Empfindung der Sexualorgane ein. Erst durch Verschränkung mit anderen Trieben kann dann jedes Organgefühl mit dem sexuellen gekoppelt werden. Der psychische Überbau entsteht auf dieser Grundlage durch die Hemmungen der Gesellschaft und die Grenzen der Organe, die nur bestimmte Wege für die Lustgewinnung, Lebenserhaltung und Entfaltung zulassen. »In diesem Überbau, dessen organisches Substrat aus Teilen der zu- und abführenden Nervenfasern und aus Nervenzellen besteht, die mit dem Organ in Verbindung stehen, liegen die Möglichkeiten und Fähigkeiten zu bestimmten Leistungen des Gesunden und des Neurotikers, und dieser bis zu einem gewissen Grade und Alter entwicklungsfähige Apparat gedeiht in der Regel so weit, daß er auf irgendeine Weise dem Begehren des Organs, d. h. dem Triebe des Organs nachzukommen in der Lage ist. Er hat demnach die Tendenz, entsprechend der durch die Lebensaufgabe gesteigerten Triebstärke zu wachsen, um seine Befriedigung durchzusetzen. Dabei vollzieht sich die Anpassung der Technik seiner Leistungen an die Kultur aus egoistischen oder altruistischen Motiven.« – Mit seinem theoretischen Ansatz gilt *Adler* als einer der Begründer der Psychosomatik. – Die zur Befriedigung drängenden Triebe und ihre Stärke liegen schon von der Entwicklung des Kindes gleich nach der Geburt an die Stellung zur Außenwelt fest. Da schon von da an das Kind an direkter Befriedigung seiner Triebe gehindert wird, nimmt es bald eine auch feindselige Stellung zur Außenwelt ein, mit einer Grundtendenz, sich die Befriedigung der Triebe zu erkämpfen. Der an Individuen zu beobachtende feindselige bzw. kämpferische Grundzug läßt sich aber nicht als Reaktion der frustrierten Befriedigung einzelner Organe erklären. Das legt nach *Adler* den Schluß nahe, daß der Trieb zur Erkämpfung einer Befriedigung, den er Aggressionstrieb nennt, nicht mehr unmittelbar dem Organ und seiner Tendenz zur Lustgewinnung anhaftet, sondern dem psychischen Gesamtüberbau angehört und ein übergeordnetes, die Triebe verbindendes psychisches Feld darstellt, in das die unerledigte Erregung einströmt, sobald einem der Primärtriebe die Befriedigung versagt wird. Den stärkeren Trieben, die vorwiegend von minderwertigeren Organen ausgehen, entspricht in der Regel auch der stärkere Aggressionstrieb. Er stellt nach *Adler* also eine Summe von Empfindungen und Erregungen und deren Entladungen dar, deren organisches und funktionelles Substrat dem Menschen angeboren ist. Ähnlich wie bei allen Primärtrieben wird die Erregung des Aggressionstriebes durch das Verhältnis von Triebstärke und Anforderungen der Außenwelt eingeleitet, das Ziel desselben durch die Befriedigung der Primärtriebe und durch die Anpassungszwänge der Gesellschaft eingegrenzt.

Am stärksten wird der Aggressionstrieb von solchen Primärtrieben erregt, deren Befriedigung nicht lange ausgesetzt werden kann. *Adler* nennt an erster Stelle Eß- und Trinktrieb, auch den Sexualtrieb und den Schautrieb. Werden die Triebe in ihrer direkten Befriedigung gehindert, können sie vom psychischen Überbau aus auch mit anderen Trieben gekoppelt werden, auch lassen sie sich umfunktionieren und sublimieren. So läßt sich außerdem auch ein Trieb durch den anderen hemmen. Eine besondere Rolle in der Zügelung aller anderen Triebe spielt dabei das angeborene Gemeinschaftsgefühl.

Folgende Triebmodifikationen wurden besonders von der Individualpsychologie aufgedeckt:

1. Die Verkehrung des Triebs in sein Gegenteil, so kann z. B. dem Eßtrieb im Unbewußten eine Andeutung von Nahrungsverweigerung im Bewußtsein entsprechen. Das Kind kann z. B. durch gezielte Nahrungsverweigerung Macht über die Eltern gewinnen.
2. Verschiebung des Triebes auf ein anderes Ziel. Der Liebe zum Vater kann die Liebe zum Lehrer usw. folgen.
3. Die Rückwendung des Triebes von anderen Objekten aufs eigene Subjekt. Der Schautrieb verwandelt sich in einen Trieb, selbst angeschaut zu werden. Hier liegt der Ursprung des Exhibitionismus. Alle Introspektion überhaupt ist nach *Adler* hervorgegangen aus einer verhinderten Verknüpfung mit der Außenwelt und Mangel an Gemeinschaftsgefühl.
4. Verschiebung des Akzents auf einen anderen starken Trieb.

Bei alledem ist das Individuum bestrebt, sich eine ihm gemäße Stellung in der menschlichen Gesellschaft zu erstreiten, Einfluß zu gewinnen, Macht auszuüben, angefangen von der Stellung in der Geschwisterreihe, den Eltern gegenüber usw. Dabei werden nach *Adler* schon früh bestimmte Bahnen der Triebbefriedigung eingeübt und festgelegt zu sogenannten Schablonen. Sie bestimmen weitgehend einen dadurch geprägten, dem Individuum meist aber unbewußten Lebensplan. Durch die vielen Festlegungen und Sanktionen der modernen Gesellschaft wird dabei die Chance der Selbstverwirklichung immer geringer und durch alle erfahrene Organfrustration die Aggressionsbereitschaft immer größer.

(Zur späteren Differenzierung der Aggressionstheorie vgl. Adler 1966; Rattner 1971, 97 ff.)

*Empfohlene Lektüre:* Schriften von Adler in Einzelausgaben als Fischer-Taschenbücher, dazu die bemerkenswerten jeweiligen Einleitungen von W. Metzger; Wexberg 1926; Wittels 1939; Rom 1966; Dreikurs 1969; Sperber 1970; Rattner 1971; Ansbacher 1972; Orgler 1974; Jacoby 1974.

## Frustrations-Aggressions-Hypothese versus Aggressionstrieb-Theorie

Nicht ganz unähnlich *Adlers* Ansatz eines sekundären Aggressionstriebes, der stark durch Hemmung und Frustration strukturiert wird, arbeiten die Anhänger der von einigen Forschern an der Yale-Universität zuerst formulierten Frustrations-Aggressions-Hypothese mit einem Grundkonzept der aus Frustration erzeugten Aggression unter Berufung auf die Arbeiten *Freuds* aus der mittleren Phase im Gegensatz zur Triebtheorie der Aggression, wie sie in der Psychoanalyse in den späten Schriften *Freuds* entwickelt wurde und dann in der Verhaltensforschung in veränderter Form wiederkehrte. Es ergab sich dann in den dreißiger Jahren die mißliche, oder wenn man so will, auch die glückliche Lage, daß sich über den gleichen Gegenstand zwei konkurrierende Theorien ausbildeten, die leidenschaftlich von ihren Anhängern vertreten, bis heute nicht recht synthetisiert wurden.

Um in beide theoretischen Ansätze einzuführen, gehe ich von einem einfachen, alltäglichen Beispiel aus, wie wir es aus den kleinen Meldungen einer Lokalzeitung entnehmen können.

Wie in anderen Bereichen sind auch hier die bewegenden Kräfte, um mit *Camus* zu sprechen, niederer Herkunft.

»*Schülerlotsen übers Knie gelegt:* Einem rabiaten Autofahrer aus dem Landkreis Freiburg wurde jetzt der Führerschein abgenommen. Das Schulamt Buggingen hatte den Mann angezeigt, nachdem er an einem Schülerlotsen Selbstjustiz geübt hatte.

Nach Angaben des Schulamts war der Autofahrer bis auf 30 cm an einen 13jährigen Schülerlotsen herangefahren, der um diese Zeit gerade seinen Mitschülern das sichere Überqueren der Straße ermöglichte. Als der 13jährige den Autofahrer bat, einen größeren Abstand zu halten, stieg der Mann aus und legte den Lotsen übers Knie. Dann, als er sah, daß sich der geschlagene Junge die Autonummer notierte, fuhr er mit seinem Wagen auf den Bürgersteig und auf den Schüler zu. Einem Zuruf seines Mitschülers hatte es der Junge zu verdanken, daß er noch im letzten Moment beiseite springen konnte.« Südwestpresse 6. Oktober 1970

Wir können den Vorgang in dieser Meldung so beschreiben: Ein Kraftfahrer, der, um ein bestimmtes Ziel zu erreichen, unterwegs ist, wurde in der Erreichung dieses Zieles behindert, frustriert, durch das Vorkommnis am Fußgängerüberweg, bzw. durch den dort tätigen Schülerlotsen. Diese Frustration erzeugt in ihm Aggression gegen die Frustrationsquelle, bzw. deren Subjekt, einen Schüler. Er versucht sich durch einen Angriff auf diese Behinderung, den Schüler, den Weg freizukämpfen, die aufgekommene Aggressivität abzureagieren, und zwar, wie für die offene Form typisch, über die Muskulatur. Durch das Notieren der Autonummer, fühlt sich der Fahrer erneut frustriert, das führt zu einer zweiten Rückbeziehung in ihm, die eine Steigerung, eine Eskalation, der inneren Aufladung bewirkt. Er fährt in Absicht auf schwere Schädigung bzw. Beseitigung, ja mit, wenn auch unbewußtem, Todeswunsch auf den Schüler zu, der nur durch rechtzeitige Warnung von dritter Seite vor schwerem Schaden bewahrt bleibt. So würde nach der Frustrations-Aggressions-Hypothese der Yale-Schule dieser Vorgang beschrieben werden. Sie stützt sich dabei auf jene Schriften des mittleren *Freud,* in denen dieser Libidinöse- von Ichtrieben unterschied und die Aggression als Abwehrreaktion des sich bedroht fühlenden Ichs erklärte, wie noch später darzustellen sein wird.

Die Vertreter dieses Konzepts lehnen jeden triebtheoretischen Ansatz als reine Spekulation ab – auch z. T. für die Tierwelt – und versuchen, ohne auf das organische und organisierte Innenleben einzugehen, einen experimentell zu sichernden Zusammenhang zwischen Frustration und Aggression nachzuweisen. Aber auch hier taucht eine erbbiologische Frage auf, nämlich, ob diese kausale Beziehung zwischen Frustration und Aggression durch biologische Invarianten bedingt ist. Je nach Einstellung zu dieser Frage unterteilt sich die Gruppe dieser Forscher in zwei Untergruppen.
Im Gegensatz dazu würde nach der Triebtheorie, die wesentlich auf *Freud* zurückgeht, eine derartig gesteigerte Aggressivität (bis zum Todeswunsch) aus so minimalen Frustrationsanlässen nicht erklärbar sein. Sie muß andere Wurzeln haben, und zwar in der Triebstruktur des Menschen, der dualistisch auf zwei Triebe hin angelegt ist, auf Libido und Destrudo, auf Liebe und Haß. Die Aggressivität ist latent immer vorhanden, der ihr zugrundeliegende aus dem Somatischen kommende Trieb lädt sich (periodisch) auf, er sucht nach Entspannung und nutzt die nächstbeste Gelegenheit. Durch Frustrationen, vor allem im Bereich der Libido, ist eine Steigerung der Aggressivität möglich.

## Frustrations-Aggressions-Hypothese der Yale-Schule

Unter Bezugnahme auf bestimmte Hinweise in Schriften *Freuds,* wonach jedesmal, wenn lustsuchendes oder schmerzmeidendes Verhalten gehemmt wird, Frustration eintritt und diese hinwiederum Aggression gegen jene Personen oder Gegenstände auslöst, die als Ursache der Frustration angenommen werden, formulierte John *Dollard* 1937 das Frustrations-Aggressions-Prinzip. Seine Hypothese, die er 1939 zusammen mit den Forschern L. W. *Doob*, O. H. *Mowrer* und

R. R. *Sears* unter dem Titel ›Frustration and Aggression‹ (deutsche Ausg. 1970) veröffentlichte, stellen eine umfassende kausale Beziehung zwischen Frustration und Aggression heraus:

> Der Eintritt von Aggression setzt stets die Existenz von Frustration voraus und
> Die Existenz von Frustration führt immer zu irgendeiner Form von Aggression.

Unter Frustration wird dabei Strebensverhinderung verstanden, d. h. jene Bedingung, die angenommen werden muß, wenn das Streben nach einem bestimmten Ziel eine Behinderung oder Einmischung erfährt.

Aggression wird bestimmt als die Handlung, deren Ziel es ist, eine Person oder einen Gegenstand anzugreifen. Das Schema eines solchen Handlungsablaufes sähe etwa so aus:

Ein bestimmtes Objekt übt als Ziel auf ein bestimmtes Subjekt eine Aufforderung zu einer Handlung aus. Die Handlung beendet die durch die Aufforderung vorhergesagte Folge. In der Situation der Frustration erfolgt durch eine Fremdursache eine Behinderung des Strebens nach dem Ziel. Die dadurch provozierte Aggression richtet sich gegen die angenommene Ursache der Behinderung.

In diesem Schema wird das Vorhandensein eines selbständigen Aggressionstriebes, der auch ohne Frustrationsbedingungen sich äußert, nicht thematisiert. Durch weitere Forschungen und die Mißverständnisse ihrer Leser veranlaßt, sahen sich diese *Yale-Forscher* veranlaßt, ihre Hypothese 1941 neu zu formulieren (N. E. Miller, R. R. Sears, O. H. Mowrer, L. W. Doob und J. Dollard, The Frustration-Aggression Hypothese Psychol. Rev. 1941, 48, 337–342; deutsch: Die Frustrations-Aggressions-Hypothese in: Thomae 1965, 205 bis 209).

Die erste Hälfte ihrer früheren Hypothese, »daß der Eintritt von Aggression stets die Existenz von Frustration voraussetzt«, bleibt für sie »durchaus haltbar und nützlich als erste Annäherung und Arbeitshypothese« (a.a.O. 205). Die zweite Hälfte der früheren Hypothese, »daß die Existenz von Frustration immer zu irgendeiner Form von Aggression führt«, ist aus zwei Gründen »unglücklich ausgedrückt«. Zunächst legt die Formulierung die Annahme nahe, daß Frustration keine anderen Auswirkungen haben könne als Aggression. Zweitens ist in der Formulierung versäumt, zwischen der Erregung aggressiver Tendenzen und dem tatsächlichen Eintreten von Aggression genau zu unterscheiden. Darin ist die Möglichkeit außer acht gelassen, daß andere Reaktionen vorherrschend werden können und so das Auftreten aggressiver Handlungen verhindern.

»Frustration ruft einen Anreiz zur Aggression hervor. Sie bildet aber nicht den einzigen Typus von Anreiz, die sie auslösen kann. Reaktionen, welche mit Aggression unvereinbar sind, können, wenn sie genügend gereizt werden, das tatsächliche Vorkommen von Aggressionsakten verhüten. In unserer Gesellschaft stellt die Bestrafung von aggressiven Akten häufig eine Quelle der Auslösung von Handlungen dar, welche mit Aggression nicht vereinbar sind.« (a.a.O. 206) Die skizzierten beiden falschen Folgerungen aus der ersten Formulierung der Hypothese sollen durch folgende Neuformulierung vermieden werden:

»Frustration ruft Erregungen zu einer Reihe verschiedener Reaktionen hervor, von denen eine die Erregung aggressiver Tendenz ist.« (ebd.)

Trotz der Korrektur bleibt also die Grundansicht, daß die Aggression reaktiver Natur sei und nicht spontaner Ausdruck eines eigenständigen Aggressionstriebes, wie *Lorenz*, Melanie *Klein* und Anna *Freud* sie deuten (vgl. A. Freud, Aggression in relation to emotional development: normal and pathological in: The Psychoanalytic Study of the Child III/IV, New York 1949, 37–42).

Auch H. *Kunz* vertritt in seinem Buch ›Die Aggressivität

und die Zärtlichkeit‹ (Bern 1946) fast ohne Verbindung zur amerikanischen Forschung die Ansicht der reaktiven Natur der Aggression.

Besonders Gesellschaftswissenschaftler nehmen immer wieder Bezug auf die Deutung der reaktiven Natur der Aggressivität, weil sie die Erklärung der oft nicht abweisbaren gesellschaftlichen Bedingtheit aggressiven Verhaltens ermöglicht; z. B. Dieter *Claessens* in seinem Aufsatz ›Über gesellschaftlichen Druck, Angst und Furcht‹ (in: Wiesbrock 1967, 135 bis 149).

Inzwischen wurde die Hypothese noch weiter differenziert und dadurch fast aufgehoben. *Berkowitz* schrieb 1969:

»Fast dreißig Jahre sind vergangen und viele zusätzliche Informationen wurden gesammelt. Wir haben heute guten Grund zu glauben . . . daß die zentrale Vorstellung (der Frustrations-Aggressions-Hypothese) zu einfach und zu allgemein war. Im Gegensatz zum ursprünglichen Argument führt das Vorhandensein von Frustration nicht immer zu irgendeiner Form von Aggression, und das Auftreten einer Aggression setzt nicht notwendig eine Frustration voraus. Aggression ist ein weit komplizierteres Phänomen als die Feststellung aus dem Jahre 1939 uns glauben machen wollte.« (zit. nach Klaus Horn, in: Senghaas 1970, 137)

*Empfohlene Lektüre:* Dollard u. a. 1965 u. 1970; Graumann 1970; Buss 1961 u. 1966; Berkowitz 1969 (bes. hingewiesen sei auf die dort beschriebenen Experimente); Milgram 1967 u. 1974; Meierhofer u. Keller 1970; Revers 1969; Werbik 1971; Selg 1973.

## Freud – Aggressionstrieb-Theorie

*Freud* war anfänglich von der Notwendigkeit der Annahme eines eigenen Aggressions-Triebes nicht zu überzeugen. Er schreibt in das ›Unbehagen in der Kultur‹:

»Ich erinnere mich meiner eigenen Abwehr, als die Idee des Destruktionstriebes zuerst in der psychoanalytischen Literatur auftauchte, und wie lange es dauerte, bis ich für sie empfänglich wurde.« (XIV 479) Und über sich selbst verwundert, äußert er:

». . . ich verstehe nicht mehr, daß wir die Ubiquität der nicht erotischen Aggression und Destruktion übersehen und versäumen konnten, ihr die gebührende Stellung in der Deutung des Lebens einzuräumen.« (ebd.) Er prophezeit in seiner ›Neuen Folge der Vorlesungen zur Einführung in die Psychoanalyse‹, daß seine eigenen Untersuchungen über die Aggression in der Öffentlichkeit der gleichen Abwehr unterliegen werden, durch die er selbst sich zunächst diesem Thema verschloß (XV 110). Das überrascht besonders, wenn man feststellt, daß *Freud Darwins* Schriften und den darin zentralen Gedanken des Kampfes ums Dasein gut kannte und die wissenschaftliche Leistung *Darwins* bewunderte.

Er nennt ihn den ›großen *Darwin*‹ (IV 164). In seinem eigenen Besitz fand sich allerdings nur ›Die Abstammung des Menschen‹ (Jones III 364). In der Antwort auf eine Rundfrage der ›Neuen Blätter für Literatur und Kunst‹ Wien ›Vom Lesen und von guten Büchern‹ schreibt *Freud* 1907, daß er, wenn nach den ›zehn bedeutsamsten Büchern‹ gefragt worden wäre, wissenschaftliche Leistungen wie die von »*Copernicus*, des alten Arztes *Joh. Weier* über den Hexenglauben, *Darwins* Abstammung des Menschen und andere« angegeben hätte (Freud 1960, 268). Im Alter erinnert sich *Freud*, daß er schon am Leben war, als *Darwins* bahnbrechendes Buch erschien:

»Ein Menschendasein ist sehr kurz im Vergleich zur Dauer der Menschheitsentwicklung, ich mag heute ein sehr alter Mann sein, aber immerhin, ich war schon am Leben, als *Ch. Darwin* sein Werk über die Entstehung der Arten der Öffentlichkeit übergab.« (XV 187) In seiner ›Selbstdarstellung‹ teilt er mit, daß er von *Darwins* Lehre mächtig angezogen wurde, »weil sie eine außerordentliche Förderung des Weltverständnisses versprach« und daß sie seine Berufswahl mitbestimmte (XIV 34). Besonderer Beachtung bedarf dabei, daß in vielen Schriften Bezüge zu *Darwin* mitgeteilt werden, niemals aber die These vom Kampf ums Dasein. Um auf sie hinzuweisen beruft *Freud* sich auf *Hobbes* (De cive, Widmung): *»Homo homini lupus;* wer hat nach allen Erfahrungen des Lebens und der Geschichte den Mut, diesen Satz zu bestreiten? Diese grausame Aggression wartet in der Regel eine Provokation ab oder stellt sich in den Dienst einer anderen Absicht, deren Ziel auch mit milderen Mitteln zu erreichen wäre. Unter ihr günstigen Umständen, wenn die seelischen Gegenkräfte, die sie sonst hemmen, weggefallen sind, äußert sie sich auch spontan, enthüllt den Menschen als wilde Bestie, der die Schonung der eigenen Art fremd ist.« (XIV 471)

*Freud* ist oft mit *Darwin* verglichen und als Darwin der Seele bezeichnet worden (z. B. von Jones 1960, III 357), wie er auch selbst wußte: »man verglich mich entweder mit *Columbus, Darwin* und *Kepler«* (X 85). Er selbst hat sich ebenfalls zu *Darwin* geistig in Beziehung gesetzt. Er schreibt in ›Die Widerstände gegen die Psychoanalyse‹, daß der Inhalt seiner Lehre starke Gefühle der Menschheit verletzt habe und darum mit affektiven Widerständen dagegen belegt worden sei. Er fährt fort:

»Dasselbe erfuhr ja auch die *Darwin*sche Deszendenztheorie, welche die vom Hochmut geschaffene Scheidewand zwischen Mensch und Tier niederriß. Ich habe auf diese Analogie in einem früheren kurzen Aufsatz (›Eine Schwierigkeit der Psychoanalyse‹, Imago 1917, XII 1 ff.) hingewiesen. Ich betonte dort, daß die psychoanalytische Auffassung vom Verhältnis des bewußten Ichs zum übermächtigen Unbewußten eine schwere Kränkung der menschlichen Eigenliebe bedeute, die ich die *psychologische* nannte und an die *biologische* Kränkung durch die Deszendenzlehre und die frühere *kosmo-*

*logische* durch die Entdeckung des *Kopernikus* anreihte.« (XIV 109)

Drei Phasen der sich wandelnden Deutung der Aggression lassen sich bei *Freud* unterscheiden. Die ersten beiden behandele ich kurz, die Probleme im Zusammenhang mit der letzten Deutungsphase will ich ausführlicher darstellen.

Zuvor aber noch einige Bemerkungen zu *Freuds* Triebbestimmung. Im Gegensatz zu anderen Forschern, die zahlreiche Triebe annahmen, hat *Freud* bei allen Abwandlungen seiner Trieblehre immer an einer dualistischen Triebkonzeption festgehalten, also die Fülle der Triebe auf zwei Grundtriebe zurückgeführt, denen dann aber wieder Partialtriebe zugeordnet.

Nach *Freud* unterscheidet sich ein Trieb von einem äußeren Reiz vor allem dadurch, daß er aus Reizquellen im Inneren des Körpers kommt und wie eine konstante Kraft wirkt. *Freud* unterscheidet am Trieb Quelle, Objekt und Ziel. Die Quelle ist ein Erregungszustand im Körperinneren, das Ziel ist die Aufhebung dieser Erregung als im Körper lustvoll empfundene, befriedigend wirkende Entspannung durch Zuwendung zu einem äußeren Objekt, bzw. einem anderen Menschen, oder aber auch dem eigenen Ich.

Auf dem Wege von der Quelle zum Ziel wird der Trieb als Energiebetrag, der in eine bestimmte Richtung drängt, psychisch wirksam. Aber *Freud* betont hier, wie an vielen anderen Stellen seiner Arbeiten: »Ob die Beziehung zur somatischen Quelle dem Trieb eine Spezifität verleiht und welche, ist uns nicht klargeworden.« (XV 103)

Triebregungen aus einer Quelle können sich denen aus anderen Quellen anschließen und deren »weiteres Schicksal« teilen. Eine Triebbefriedigung kann durch eine andere ersetzt werden. Die Triebe sind modifizierbar. So lassen sich andere Objekte zur Befriedigung einsetzen in Verschiebung und Sublimation. Triebe lassen sich auch als gehemmte wenigstens teilweise befriedigen. (Zärtlichkeit, sozialer Beruf usw.)

In der ersten Phase seiner Beschäftigung mit dem menschlichen Triebleben galt seine ganze Aufmerksamkeit den sexuellen bzw. libidinösen Phänomenen, die aggressiven fanden erst in zweiter Linie Beachtung in der Beschreibung der sich entwickelnden Sexualität.

In der Zeit, in der das Kind Zähne bekommt, hat es eine Neigung zu beißen, auch die Brust der Mutter. *Freud* bezeichnet sie als oral-sadistische Impulse und diese ganze erste prägenitale Phase als ›orale‹ oder ›kannibalische‹. »Die Sexualität ist hier von der Nahrungsaufnahme noch nicht gesondert, Gegensätze innerhalb derselben nicht differenziert. Das Objekt der einen Tätigkeit ist auch das der anderen, das Sexualziel besteht in der *Einverleibung* des Objektes, dem Vorbild dessen, was späterhin als *Identifizierung* eine so bedeutsame psychische Rolle spielen wird.« (Drei Abhandlungen zur Sexualtheorie, Die infantile Sexualität, Entwicklungsphasen der sexuellen Organisation V 98; vgl. auch den Abschnitt VII Die Identifizierung in Massenpsychologie und Ich-Analyse XIII 115 ff., dort spricht er von der *oralen* Phase der Libidoorganisation, in welcher man sich das begehrte und geschätzte Objekt durch Essen einverleibte und es dabei als solches vernichtete. »Der Kannibale bleibt bekanntlich auf diesem Standpunkt stehen; er hat seine Feinde zum Fressen lieb, und er frißt die nicht, die er nicht irgendwie lieb haben kann.« ebd. 116).

Der Höhepunkt der Aggression wird in der zweiten Phase, der von *Freud* so genannten der ›sadistisch-analen Organisation‹ erreicht. (Drei Abhandlungen zur Sexualtheorie V 99.) Die Nates sind die erogen bevorzugte Körperpartie dieser Phase (Das ökonomische Problem des Masochismus XIII 377). Die sadistischen Impulse fallen durch ihre Häufigkeit und Intensität auf. (Psychoanalyse und Libidotheorie XIII 219 ff.) Schließlich mit Erreichen der ›phallischen‹ bzw.

›ödipalen‹ Phase wendet sich die Aggression gegen den gleichgeschlechtlichen Elternteil in Rivalität um das Liebesobjekt, so wie sie in drei klassischen Werken der Weltliteratur dargestellt wird: *Sophokles,* König Ödipus; *Shakespeare,* Hamlet, und *Dostojewskij,* Die Brüder Karamasow (vgl. Dostojewskij und die Vatertötung XIV 397 ff.). Es treten Todeswünsche gegen den gleichgeschlechtlichen Rivalen auf, wie besonders durch Analyse von Träumen nachweisbar ist (Die Traumdeutung II/III 264 ff.).

In diesen Jahren erscheint bei *Freud* im Schema der Deutung ein anfänglicher Sadismus als Verselbständigung einer aggressiven Komponente – ›Bemächtigungstrieb‹ – des Sexualtriebes:

»Für die aktive Algolagnie, den Sadismus, sind die Wurzeln im Normalen leicht nachzuweisen. Die Sexualität der meisten Männer zeigt eine Beimengung von *Aggression,* von Neigung zur Überwältigung, deren biologische Bedeutung in der Notwendigkeit liegen dürfte, den Widerstand des Sexualobjektes noch anders als durch die Akte der *Werbung* zu überwinden. Der Sadismus entspräche dann einer selbständig gewordenen, übertriebenen, durch Verschiebung an die Hauptstelle gerückten aggressiven Komponente des Sexualtriebes.« (Drei Abhandlungen zur Sexualtheorie V 57). Als Inversion dieser zunächst nach außen gerichteten Aggression tritt der Masochismus auf. »Der Masochismus als Perversion scheint sich vom normalen Sexualziel weiter zu entfernen als sein Gegenstück; es darf zunächst bezweifelt werden, ob er jemals primär auftritt oder nicht vielmehr regelmäßig durch Umbildung aus dem Sadismus entsteht. Häufig läßt sich erkennen, daß der Masochismus nichts anderes ist als eine Fortsetzung des Sadismus in Wendung gegen die eigene Person, welche dabei zunächst die Stelle des Sexualobjekts vertritt.« (57 f.) In einer hinzugefügten Fußnote weist *Freud* darauf hin, daß er sich später genötigt sah, die Beziehung von Sadismus zu Masochismus genau umgekehrt zu denken:

»Spätere Überlegungen, die sich auf bestimmte Annahmen über die Struktur des seelischen Apparates und über die in ihm wirksamen Triebarten stützen konnten, haben mein Urteil über den Masochismus weitgehend verändert. Ich wurde dazu geführt, einen *primären – erogenen* – Masochismus anzuerkennen, aus dem sich zwei spätere Formen, der *feminine* und der *moralische* Masochismus entwickeln. Durch Rückwendung des im Leben unverbrauchten Sadismus gegen die eigene Person entsteht ein *sekundärer* Masochismus, der sich zum primären hinzuaddiert.« (57) *Freud* verweist auf seinen Aufsatz ›Das ökonomische Problem des Masochismus‹ (XIII 369 ff.). *Freud* betont, daß die genaue Aufklärung der dem Sexualtrieb beigemischten Aggressivitäts- und Grausamkeitskomponenten noch nicht geleistet sei (zur Zeit als er die ›Drei Abhandlungen zur Sexualtheorie‹ schrieb). Deutlich hatte er aber bereits die Bedeutung der Entwicklung und umweltbedingten Beeinflussung des Kindes in den ersten Lebensjahren erkannt.

»In noch größerer Unabhängigkeit von der sonstigen, an erogene Zonen gebundenen Sexualbetätigung entwickelt sich beim Kinde die Grausamkeitskomponente des Sexualtriebes. Grausamkeit liegt dem kindlichen Charakter überhaupt nahe, da das Hemmnis, welches den Bemächtigungstrieb vor dem Schmerz des anderen haltmachen läßt, die Fähigkeit zum Mitleiden, sich verhältnismäßig spät ausbildet. Die gründliche psychologische Analyse dieses Triebes ist bekanntlich noch nicht geglückt; wir dürfen annehmen, daß die grausame Regung vom Bemächtigungstrieb herstammt und zu einer Zeit im Sexualleben auftritt, da die Genitalien noch nicht ihre spätere Rolle aufgenommen haben. Sie beherrscht dann eine Phase des Sexuallebens, die wir später als prägenitale Organisation beschreiben werden. Kinder, die sich durch besondere Grausamkeit gegen Tiere und Gespielen auszeichnen, erwecken gewöhnlich mit Recht den Verdacht auf intensive und vorzeitige Sexualbetätigung von erogenen Zonen her, und bei gleichzeitiger Frühreife aller sexuellen Triebe scheint die erogene Sexualbetätigung doch die primäre zu sein. Der Wegfall der Mitleidschranke bringt die Gefahr mit sich, daß diese in der Kindheit erfolgte Verknüpfung der grausamen mit den erogenen Trieben sich späterhin im Leben als unlösbar erweise.« (ebd. 93 f. Vgl. zu diesem Abschnitt Vorlesungen zur Einführung in die Psychoanalyse XI 313 ff., Psychoanalyse und Libidotheorie XII 219 ff., Die infantile Genitalorganisation XIII 291 ff.)

*Mitscherlich* weist in seinem Nachwort zur Taschenbuchausgabe der ›Drei Abhandlungen zur Sexualtheorie‹ (Fischerbücherei Bd. 422, 1961) nachdrücklich darauf hin, welche Konsequenzen für die menschliche und mitmenschliche Situation die Zeit der prägenitalen Prägungen hat und daß sie darum der größten Aufmerksamkeit bedürfe. Das könnte entscheidend für den Fortbestand der Menschheit werden.

Die besondere Bedeutung für den Einzelnen und die Gesellschaft, die der Stellung des Vaters in dieser Zeit zukommt, ist in mehreren Untersuchungen der letzten Zeit herausgearbeitet worden:

T. *Parsons*, Certain Primary Sources and Patterns of Aggression in the Social Structure of the Western World (Psychiatry 10, 167–181; dt. 1964), A. *Mitscherlich*, Auf dem Weg zur vaterlosen Gesellschaft (1970 a) und Herbert *Marcuse*, Obsolescence of Psychoanalysis, Vortrag New York 1963, dt. Das Veralten der Psychoanalyse (1965). – Vgl. hierzu zuletzt Lincke 1971; Ohlmeier 1973; Orban 1973; Jacobsen 1973.

## *Einführung der Ichtriebe*

Auf der nächsten Stufe der theoretischen Durchdringung seiner Forschungsergebnisse suchte *Freud* nach einer Deutung der Ichtriebe und ihrer Unterscheidung von den Sexualtrieben:

»An unserem guten Recht, Ich- und Sexualtriebe zu sondern, kann doch wohl nicht gerüttelt werden.« (Vorlesungen zur Einführung in die Psychoanalyse XI 427). In der Entwicklung der Psychoanalyse ergab sich der Anlaß zu dieser Unterscheidung bei der Deutung der Psychoneurosen, und zwar besonders der Übertragungsneurosen (Hysterie und Zwangsneurose) (Triebe und Triebschicksale X 217). *Freud* selbst sieht in dieser Scheidung von Urtrieben in die zwei Gruppen der »Ich- oder Selbsterhaltungstriebe« und »Sexualtriebe« (216) eine Hilfskonstruktion, die möglicherweise schon geändert werden muß, wenn die anderen neurotischen Affektionen (vor allem der ›narzißtischen Psychoneurosen: der Schizophrenien‹) erklärt werden sollen (217, vgl. Zur Einführung des Narzißmus X 143). Die Grundkraft der Ichtriebe ist das Streben nach Selbsterhaltung. Diesem Streben ist eine erhebliche Menge Aggression beigemischt.

»Das Ich haßt, verabscheut, verfolgt mit Zerstörungsabsichten alle Objekte, die ihm zur Quelle von Unlustempfindungen werden, gleichgültig ob sie ihm eine Versagung sexueller Befriedigung oder der Befriedigung von Erhaltungsbedürfnissen bedeuten. Ja, man kann behaupten, daß die richtigen Vorbilder der Haßrelation nicht aus dem Sexualleben, sondern aus dem Ringen des Ichs um seine Erhaltung und Behauptung stammen.« (X 230) Die Deutung des Triebgeschehens in dieser Phase der Unterscheidung von libidinösen und Ichtrieben stellt ganz nachdrücklich die reaktive Natur der Aggression heraus. Ihr Ursprung ist nicht biologisch bedingt, wie das bei der Sexualität der Fall ist, sondern durch das Selbsterhaltungsstreben des Ich, alles abzuwehren, was es behindert, bedroht und frustriert und so die Befriedigung der Triebe erschwert oder unmöglich macht. An diese Phase der Theorie *Freuds* knüpfen die Vertreter der Frustrations-Aggressions-Hypothese, *Reich* u. a. an.

Gesteigert aktiv (aggressiv) reagiert das Ich vor allem auf einen psychisch wahrgenommenen Angstaffekt als Signal

einer aus der Umwelt drohenden Gefahr, der einen Vergleich mit dem beim Geburtstrauma erlebten Angstaffekt zuläßt.
Das Ich antwortet auf dieses Angstsignal zuerst mit gesteigerter Aufmerksamkeit und motorischer Spannung. Erst nach der so eingeleiteten Situationseinschätzung erfolgt die Reaktion, die je nach Umständen sein kann: entweder eine aktive Suche nach einem entzogenen Liebesobjekt (bzw. -subjekt) (Wandertrieb), oder Flucht vor einem furchterregenden nicht zu bewältigenden Objekt oder aber Kampf, falls ein Erfolg abschätzbar ist, oder aber, wenn eine Flucht unmöglich ist.
Mit dem gleichen Angstaffekt reagiert das Ich auch auf nicht abgeführte sexuelle Erregung (frustrane Erregung). (XV 89) Es wird also auf sie so reagiert, als ob sie von außen käme. Diese Reaktion ist insofern sinnvoll, als sie die Einschätzung einer Situation vorwegnimmt, in der der Versuch, die sexuelle Erregung unsublimiert auszuleben, reale Gefahr bedeuten könnte.
Sowohl bei äußerer Gefahr als auch bei gesteigerter innerer Erregung folgt die Angst aus rückgestauter Libido, denn auch im Ich ist ein Teil Libido gebunden. Die Aktivität des Ich folgt aus dem nicht libidinösen eigentlichen ego.
Im Zuge der Umstrukturierung seiner Theorie hat *Freud* auch hier die Akzente später anders gesetzt.
Nun ist das Ich die alleinige Angststätte. Die Angst signalisiert sich im Ich entweder als Realangst direkt im Ichsystem, oder als Gewissensangst aus dem Über-Ich, oder als neurotische Angst aus dem Es. Die Triebenergien sind anfänglich alle im noch nicht entfalteten Ich gebunden. In einer zweiten Entwicklungsphase erfolgt eine Zuwendung zur Außenwelt. Die Energien, die dort nicht ausgelebt werden können, wenden sich zum Ich zurück. Das gilt für Libido und Aggression, die *Freud* jetzt einem eigenen Trieb zuordnet, dem sogenannten Todestrieb. (Zum Problem der Angst vgl. Ditfurth 1965, bes. auch den Beitrag von W. Schulz S. 1–14.)

Eines besonderen Hinweises bedürfen in diesem Zusammenhang der Sadismus als Repräsentant der Aggression und die Schicksale seiner Wandlung, vor allem die Verkehrung des Sadismus in sein Gegenteil, den Masochismus. Diese Verkehrung ins Gegenteil löst sich bei näherer Untersuchung in zwei verschiedene Vorgänge auf, in die Wendung des Triebes von der Aktivität in die Passivität und die inhaltliche Verkehrung. Beide Vorgänge seien nacheinander angedeutet. Beim Gegensatzpaar Sadismus-Masochismus betrifft die Verkehrung nur die Ziele des Triebes. Für das aktive Ziel: quälen wird das passive: gequält werden eingesetzt. Die inhaltliche Verkehrung besteht in der Verwandlung von Lieben in Hassen.

Die Wendung gegen die eigene Person wird durch die Erwägung nahegelegt, daß der Masochismus ein gegen das eigene Ich gewendeter Sadismus ist. Das Wüten gegen die eigene Person wird genossen. Das Entscheidende an dem Vorgang ist der Wechsel des Objekts bei gleichbleibendem Ziel.

Es fällt beim Beispiel der Verkehrung des Sadismus auf, daß Wendung gegen die eigene Person und Wendung von der Aktivität zur Passivität zusammentreffen.

Das sei näher ausgeführt:

1. Der Sadismus äußert sich als Gewalttätigkeit, Machtbetätigung gegen eine andere Person als Objekt.
2. Dieses Objekt wird aufgegeben und durch die eigene Person ersetzt. Mit der Wendung gegen die eigene Person ist gleichzeitig die Verwandlung von Aktivität in Passivität vollzogen.
3. Es wird neuerdings eine fremde Person als Objekt gesucht, welche infolge der eingetretenen Zielverwandlung die Rolle des Subjekts zu übernehmen hat.

Der dritte Fall ist der des Masochismus. Die Befriedigung erfolgt auch hier auf dem anfänglichen Wege des Sadismus, indem sich das passive Ich unter Einschaltung der Phantasie in seine frühere Stelle versetzt, die jetzt dem fremden Objekt als Subjekt eingeräumt ist. Ob es eine direktere masochistische

Befriedigung gibt, erscheint *Freud* als durchaus zweifelhaft. »Ein ursprünglicher Masochismus, der nicht auf die beschriebene Art aus dem Sadismus entstanden wäre, scheint nicht vorzukommen.« (Triebe und Triebschicksale X 220 f.) *Freud* bleibt also für den Zusammenhang von Sadismus-Masochismus bei der gleichen Deutung wie in der ersten Phase seiner Theorienbildung. Aber genau wie dort macht er auch hier in einer Fußnote die Anmerkung: »In späteren Arbeiten (Das ökonomische Prinzip des Masochismus, 1924, XIII 369 ff.) habe ich im Zusammenhang mit Problemen des Trieblebens mich zu einer gegenteiligen Auffassung bekannt.« (221)

Eine besondere Schwierigkeit in der Deutung des Sadismus liegt darin, daß dieser Trieb innerhalb seines allgemeinen Ziels neben der Demütigung und Überwältigung auch die Zufügung von Schmerzen enthält. Nach den Ergebnissen der Psychoanalyse scheint das Schmerzzufügen unter den anfänglichen Zielhandlungen aber gar keine Rolle zu spielen. Das sadistische Kind zieht die Zufügung von Schmerzen nicht in Betracht und beabsichtigt sie wohl auch nicht. Wenn sich aber dann die Umwandlung in den Masochismus ergeben hat, können die Schmerzen sehr wohl ein passives Ziel ergeben, unter der Annahme, daß auch die Schmerz- wie andere Unlustempfindungen auf die Sexualerregung übergreifen und einen lustvollen Zustand erzeugen, um dessentwillen man sich die Unlust des Schmerzes gefallen läßt. Wenn das Empfinden von Schmerz so einmal ein masochistisches Ziel geworden ist, kann sich rückgreifend auch das sadistische Ziel des Zufügens von Schmerzen ergeben, die man, während man sie anderen zufügt, selbst masochistisch in der Identifizierung mit dem leidenden fremden Objekt genießt. Eigentlich genießt man dabei natürlich nicht den Schmerz, sondern die durch ihn bewirkte Sexualerregung, und diese als Sadist dann besonders bequem und angenehm (221).

Das Mitleid kann nicht als Triebverwandlung beim Sadismus beschrieben werden. Es erfordert die Auffassung einer Reaktionsbildung gegen den Trieb (222).

## *Zeitgemäßes über Krieg und Tod*

In seiner Arbeit ›Zeitgemäßes über Krieg und Tod‹ (1915, X 323–355) versucht *Freud* unter diesen theoretischen Voraussetzungen, vom Wirbel der Kriegsereignisse gepackt, die Zusammenhänge zwischen dem aggressiven Verhalten des Einzelnen und dem der Großindividuen, der Staaten, aufzudecken.

Er malt eingangs ein Bild der friedlichen Vorkriegszeit. Man lebte in einem falschen Vertrauen und dieses wurde enttäuscht. Man war der Ansicht, daß zwar weit in der Ferne in unentwickelten Völkern möglicherweise noch Kriege zwischen Ungleichen stattfinden könnten, nicht aber unter den großen Kulturnationen. Diese hatten es in der Erforschung und Beherrschung der Natur weit gebracht und in allen Wissenschaften und Künsten große Leistungen aufzuweisen. Man glaubte, daß so gebildete und kultivierte Staaten Mißhelligkeiten und Interessenkonflikte untereinander auf nicht kriegerische Weise klären könnten. Man glaubte sie den gleichen Normen verpflichtet, die das Zusammenleben der Menschen in den Staaten regulieren. »Innerhalb jeder dieser Nationen waren hohe sittliche Normen für den Einzelnen aufgestellt worden, nach denen er seine Lebensführung einzurichten hatte, wenn er an der Kulturgemeinschaft teilnehmen wollte. Diese oft überstrengen Vorschriften forderten viel von ihm, eine ausgiebige Selbstbeschränkung, einen weitgehenden Verzicht auf Triebbefriedigung. Es war ihm vor allem versagt, sich der außerordentlichen Vorteile zu bedienen, die der Gebrauch von Lüge und Betrug im Wettkampf mit den Nebenmenschen schafft. Der Kulturstaat hielt diese sittlichen Normen für die Grundlage seines Bestandes, er schritt ernsthaft ein, wenn man sie anzutasten wagte, erklärte es oft für untunlich, sie auch nur einer Prüfung durch den kritischen Verstand zu unterziehen. Es war also anzunehmen, daß er sie selbst respektieren wolle und nichts gegen sie zu unternehmen gedenke, wodurch er der Begründung seiner eigenen Existenz widersprochen hätte.« (X 326)

Vertrauend in solche Friedfertigkeit der Staaten hatten Menschen große Reisen unternommen und in fremden Ländern Erholung gesucht, sogar bleibenden Wohnsitz im Ausland gewählt. Unter den Großen aller Zeiten und Zonen hatten sie ihre Helden gewählt und sie zu einer eigenen Schule von Athen zusammengerufen.

Der Krieg fegte das alles hinweg und machte deutlich, daß trotz dieser völkerverbindenden Momente sich die Menschen wenig kennen und darum nicht verstehen, so daß die zu schwache Liebe jederzeit in Haß umschlagen konnte.

Es sah nach *Freud* so aus, als ob die Staaten dem Einzelnen nur das Unrecht verboten hätten, um es selbst desto besser und grausamer auszuüben.

»Der einzelne Volksangehörige kann in diesem Kriege mit Schrecken feststellen, was sich ihm gelegentlich schon in Friedenszeiten aufdrängen wollte, daß der Staat dem Einzelnen den Gebrauch des Unrechts untersagt hat, nicht weil er es abschaffen, sondern weil er es monopolisieren will wie Salz und Tabak. Der kriegführende Staat gibt sich jedes Unrecht, jede Gewalttätigkeit frei, die den Einzelnen entehren würde. Er bedient sich nicht nur der erlaubten List, sondern auch der bewußten Lüge und des absichtlichen Betruges gegen den Feind, und dies zwar in einem Maße, welches das in früheren Kriegen Gebräuchliche zu übersteigen scheint.« (X 329 f.)

Dieses unmoralische Verhalten der Staaten bleibt nicht ohne Folgen auf das moralische Verhalten ihrer Bürger, denn das menschliche Gewissen ist nicht eine angeborene Instanz, sondern hat seinen Ursprung in sozialer Angst. Mit seinen unrechten Taten ermutigt er die Bürger, moralische Zwänge

von sich abzuweisen und den eigenen Gelüsten zu frönen. Die wenig menschenfreundliche Moralordnung ist also Ursache, daß sie jederzeit von den in ihren Trieben unterdrückten Menschen beiseite geschoben werden kann, weil die Triebe keine neuen Wege der Entfaltung angewiesen erhielten.
»Man darf sich auch nicht darüber verwundern, daß die Lockerung aller sittlichen Beziehungen zwischen Großindividuen der Menschheit eine Rückwirkung auf die Sittlichkeit der Einzelnen geäußert hat, denn unser Gewissen ist nicht der unbeugsame Richter, für den die Ethiker es ausgeben, es ist in seinem Ursprunge *›soziale Angst‹* und nichts anderes. Wo die Gemeinschaft den Vorwurf aufhebt, hört auch die Unterdrückung der bösen Gelüste auf, und die Menschen begehen Taten von Grausamkeit, Tücke, Verrat und Roheit, deren Möglichkeit man mit ihrem kulturellen Niveau für unvereinbar gehalten hätte.« (X 330)
Zweierlei Enttäuschungen hat dieser Krieg nach *Freud* wach werden lassen:
1. über die geringe Sittlichkeit der Staaten untereinander,
2. über die Brutalität im Verhalten der Einzelnen, denen man als Bürgern hochkultivierter Staaten derartiges nicht zugetraut hätte.
Der zweite Punkt bedarf einer näheren Erörterung. Es muß die Frage gestellt und beantwortet werden, wie man sich die sittliche Entwicklung des Menschen vorzustellen hat. Die erste mögliche Antwort, daß der Mensch von Geburt an gut und edel sei, wird von *Freud* gleich abgewiesen. Die zweite mögliche Antwort könnte so aussehen, daß die Neigungen zum Bösen des Menschen in ihm ausgerottet und in Erziehung und Kulturumwelt durch Neigungen zum Guten und Achtung vor dem Gesetz ersetzt werden. Derjenige, der diese Ansicht vertritt, wird bei neuerlichem Durchbruch des Bösen allerdings verwirrt und entsetzt sein müssen.
*Freud* greift das Stichwort der Ausrottung des Bösen auf. Nach ihm gibt es keine Ausrottung des Bösen: »Die psycho-

logische – im strengeren Sinne die psychoanalytische – Untersuchung zeigt vielmehr, daß das tiefste Wesen des Menschen in Triebregungen besteht, die elementarer Natur, bei allen Menschen gleichartig sind und auf die Befriedigung gewisser ursprünglicher Bedürfnisse zielen. Diese Triebregungen sind an sich weder gut noch böse. Wir klassifizieren sie und ihre Äußerungen in solcher Weise, je nach ihrer Beziehung zu den Bedürfnissen und Anforderungen der menschlichen Gemeinschaft. Zuzugeben ist, daß alle die Regungen, welche von der Gesellschaft als böse verpönt werden – nehmen wir als Vertretung derselben die eigensüchtigen und die grausamen – sich unter diesen primitiven befinden.« (X 331 f.)

Diese primitiven Regungen haben eine lange Entwicklungsgeschichte, bis sie zur Betätigung beim Erwachsenen zugelassen werden. Sie werden gehemmt, auf andere Ziele umfunktioniert, verschmelzen sich miteinander, wechseln ihre Objekte und richten sich zum Teil gegen das eigene Ich.

Erst am Ende dieses Prozesses solcher Triebschicksale bildet sich der Charakter eines Menschen aus, der mit gut oder böse nicht richtig bezeichnet ist, weil der Einzelne weder ganz gut noch ganz böse ist. Bemerkenswert ist dabei, daß besonders böse Kinder oft besonders gute Erwachsene werden. »Die stärksten kindlichen Egoisten können die hilfreichsten und aufopferungsfähigsten Bürger werden; die meisten Mitleidsschwärmer, Menschenfreunde, Tierschützer haben sich aus kleinen Sadisten und Tierquälern entwickelt.« (X 333) Die Umbildung der bösen Triebe ist das Werk zweier in gleicher Richtung wirkender Faktoren, eines inneren und eines äußeren.

1. Der innere Faktor besteht in der Beeinflussung der bösen, d. h. auf dieser Stufe von *Freuds* Trieblehre, der eigensüchtigen Ichtriebe durch Libido. Durch die Beimischung von libidinösen Komponenten werden die eigensüchtigen Triebe in soziale abgewandelt. Das Geliebtwerden wird so hoch eingeschätzt, daß man dafür zu großen Opfern bereit ist.

2. Den äußeren Faktor stellt der Zwang der Erziehung dar, die die Forderungen der Gesellschaft repräsentiert. Sie wird durch das kulturelle Milieu später fortwirken. »Kultur ist durch Verzicht auf Triebbefriedigung gewonnen worden und fordert von jedem neu Ankommenden, daß er denselben Triebverzicht leiste. Während des individuellen Lebens findet eine beständige Umsetzung von äußerem Zwange in inneren Zwang statt.« (X 333) *Freud* neigt zu der Annahme, daß aller innere Zwang ursprünglich in der Menschheitsgeschichte nur äußerer Zwang war. Aber heute bringen die Menschen eine gewisse Disposition zur Umwandlung von egoistischen in altruistische Regungen als ererbte Organisation mit, die durch leichte Anregung zur Umwandlung führt. Der andere Teil der Umwandlung ist Leistung des Einzelnen unter dem Einfluß und Druck der Gesellschaft. Die meisten Theoretiker neigen dazu, diesen Teil der ererbten Disposition zu überschätzen. Sie beurteilen darum die Menschen besser als sie in Wirklichkeit sind, denn viele altruistische Handlungen kommen nur unter dem Druck der gesellschaftlichen Zwänge zustande. In der Praxis ist es allerdings schwer, bei einer Handlung zu entscheiden, ob sie mehr aus der ererbten Disposition oder dem gesellschaftlichen Zwang motiviert wurde. Es ist aber damit zu rechnen, daß bei vielen Menschen die guten Taten nur durch die gesellschaftlichen Zwänge bewirkt werden.

Die Triebe werden dabei unterdrückt, ohne daß ihnen die Möglichkeit der Umfunktionierung gegeben wäre. Die so nur gehemmten Triebe suchen darum ständig nach Gelegenheiten, zur Befriedigung durchzubrechen. Wer so genötigt ist, gegen seine wahren Triebneigungen ständig auf Vorschriften zu reagieren, lebt psychologisch beurteilt über seine Verhältnisse und muß darum nach *Freud* als Heuchler bezeichnet werden. *Freud* betont hier, daß unsere gegenwärtige Kultur diese Art von Heuchelei stark begünstigt. Nach diesen Ausführungen wird deutlich, daß die Enttäuschung über das schlechte Verhalten der Bürger in Kriegszeiten unberechtigt ist. Der Durchbruch der bösen Triebe muß so gedeutet werden: Die Staaten lockern durch ihr aggressives Verhalten zueinander die sittlichen Beschränkungen auch innerhalb der Staaten auf. Die einzelnen Bürger fühlen sich ermutigt, ihren Trieben mehr Befriedigung als bisher zu gönnen. »In Wirklichkeit sind sie nicht so tief gesunken, wie wir fürchten, weil sie gar nicht so hoch gestiegen waren, wie wir's von ihnen glaubten. Daß die menschlichen Großindividuen, die Völker und Staaten, die sittlichen Beschränkungen gegeneinander fallen ließen, wurde ihnen zur begreiflichen Anregung, sich für eine Weile dem bestehenden Drucke der Kultur zu entziehen und ihren zurückgehaltenen Trieben vorübergehend Befriedigung zu gönnen.« (X 336)

Im zweiten Teil dieser Arbeit zeigt *Freud* unter der Überschrift ›Unser Verhältnis zum Tode‹, daß sich die Menschen in Kriegen so befremdet fühlen in der sonst schönen und vertrauten Welt, weil sie eine falsche Einstellung zum Tode und falsche Vorstellungen von der Einstellung zum Tode haben. Dieses Verhältnis zum Tode ist nach *Freud* unaufrichtig (X 341). *Freuds* Gedanken seien unter Heranziehung eigener Beispiele entwickelt:

Wenn man die bei mancherlei Anlässen geäußerten Ansichten über den Tod zusammennimmt, könnte man zu der Überzeugung kommen, daß gegenwärtig die Menschen eine überaus nüchterne Haltung dem Tod gegenüber einnehmen, die frei von jeder Hoffnung auf Fortleben nach dem Tode und ewiges Leben sei. Das Ende ist irgendwo ein elendes Etwas, in eine Pfütze eigenen Blutes, so wie es nicht selten nach einem Verkehrsunfall oder einer Katastrophe zu beobachten ist.

In vielen Redensarten kommt das zum Ausdruck:

›Einen Tod muß man sterben‹ oder

›Nach dem Tode bleibt für einige Pfennige Blumendünger‹ oder

›Wenn eine Frau stirbt, wird ein Bett frei‹ (ital. Sprichwort).

Geradezu als Aufgipfelung dieser Einstellung mag die Werbung eines amerikanischen Bestattungsinstitutes gelten, von der *Freud* in einem Brief berichtet:

»Mir geht ein ›advertisement‹ im Kopf herum, das ich für das kühnste und gelungenste Stück amerikanischer Reklame halte: ›Why live, if you can be buried for ten Dollars‹.« (Brief an Marie Bonaparte, Grinzing 13. 8. 37, 1960, 429).

Faßt man diese Äußerungen zusammen, meint man wirklich, wir wären der Einstellung, daß mit dem Tode das Leben notwendigerweise enden müsse, daß der Tod unleugbar, notwendig, unerbittlich, unvermeidlich und unausweichlich sei. Aber die hier wiedergegebenen Äußerungen sind nur ein kleiner Teil möglicher Äußerungen über den Tod, und wenn man sie mit den anderen Gruppen von Aussagen vergleicht, hat man den Verdacht, daß sie die am wenigsten aufrichtigen sind. So ist im Vergleich besonders bemerkenswert, daß derartige Äußerungen oft fallen, wenn es um den Tod anderer, meist ferner stehender Menschen geht. Für uns selbst sind wir bereit, eine andere Einstellung zu reservieren und die eiskalten Äußerungen beim Tode anderer nur zu benutzen, um den Gedanken an den Tod in uns zu erledigen, ihn aus dem Bewußtsein abzuwehren. Für uns selbst glauben wir an ein endloses Leben, oder doch wenigstens an Unsterblichkeit. Dieser Unsterblichkeitsgedanke entspringt einerseits aus unserem Narzißmus, andererseits aus einer erkenntnistheoretischen Überlegung. Wenn wir uns unser eigenes Ende vorzustellen versuchen, bleiben wir doch als Reflektierende noch Zuschauer, überleben uns sozusagen selbst.

»Der eigene Tod ist ja auch unvorstellbar, und so oft wir den Versuch dazu machen, können wir bemerken, daß wir eigentlich als Zuschauer weiter dabei bleiben. So konnte in der psychoanalytischen Schule der Ausspruch gewagt werden: Im Grunde glaube niemand an seinen eigenen Tod oder, was dasselbe ist: Im Unbewußten sei jeder von uns von seiner Unsterblichkeit überzeugt.« (X 341)

Die Legenden-, Mythen- und Theorienbildung über das Fortleben ist in dem Zwischenfeld zwischen der Unvorstellbarkeit des eigenen Todes und der des *lieben* Nächsten zu vermuten. Besonders genährt werden diese Gedanken ferner durch die Erfahrung, daß die Anderen mit ihrem Tode gar nicht aus unserem Bewußtsein verschwunden sind, sondern unser Gewissen oder unsere Handlungen ermutigend, in uns präsent bleiben oder doch werden können, oft sogar gegen unsere Wünsche. Besonders gut hat *Dostojewskij* den Übergang vom Todeserleben zum Unsterblichkeitsgedanken in den Brüdern Karamasow dargestellt:

Aljoscha am Sterbelager des Staretz. Erschöpft durch einen Tag voller Mühen und Aufregungen schläft er ein. In seinem Traum erscheint ihm der Staretz. Er lebt wieder, ist bei ihm und legt ihm das Evangelium aus. Aljoscha erwacht und sieht den Toten. Er nimmt den Traum als Verheißung der Unsterblichkeit des Staretz.

Daß es nach Ansicht der Hinterbliebenen den Toten wohl geht und sie in irgendeiner Weise weiterleben, finden wir oft bestätigt in Todesanzeigen, Gedächtnisreden usw. Oft werden dabei alte, abgenutzte Vorstellungen früherer Zeiten herangezogen.

In Feierstunden nach dem Tode in irgendeiner Weise verdienstvoller Menschen finden sich solche Surrogate alter Unsterblichkeitsanschauungen wie: Fortleben in den Nachkommen, Weiterleben im Gedächtnis der Hinterbliebenen, Wirkung des hinterlassenen Werkes, Eingehen in die Geschichte usw.

In der ausgeführten Weise neigen wir dazu, den Unsterblichkeitsgedanken von uns auf die uns lieben Menschen auszudehnen, besonders auf die Eltern, Gatten, Kinder, Geschwister, Freunde und verehrten Menschen, weil sie zu einem Bestandteil unseres Selbst geworden sind, zu einem lieben Besitz (X 353).

Aber die liebende Einbeziehung dieser Nächsten in uns selbst ist nur eine Seite unserer Einstellung zu ihnen. In der Weise wie sie uns, bevor wir sie näher kannten, fremd waren, bleiben sie uns immer mit Teilen ihres Wesens Fremde. Darum überrascht es uns nicht, daß wir ihnen gegenüber auch heimlich, oft aber auch ausgesprochen, Todeswünsche haben. So wird oft belegt, daß Ehegatten in Situationen des Streites ausrufen: »Ich könnte dich umbringen« oder daß ein Vater, der seiner Tochter, die erst nach vielem Rufen zu einer Hilfeleistung herbeieilt, und zwar über den Gartenzaun aus dem Nachbargarten, zuruft, als sie dort mit dem Kleid hängenbleibt: »Eva, du Katze, ich wollte du verrecktest da oben!« Oder wenn die Mutter zu ihrem Kind sagt: »Wenn du nicht artig bist, rufe ich den Schwarzen Mann (bösen Wolf usw.), der nimmt dich mit«, oder die Todeswünsche eines Jungen gegen zwei Geschwister: »Ich pflegte als Kind jeden Abend zu Gott zu beten, daß er diese meine beiden Quälgeister aus dem Leben abberufen solle.« (Zur Psychopathologie des Alltagslebens IV 276)

Diese meist unterdrückten Äußerungen, die nur in Situationen der Entmischung von Liebe und Aggression zum Ausdruck kommen, finden Bestätigung in unseren Träumen, in denen unsere anerzogene Sittlichkeit außer Wirkung ist. Ich verweise auf die Beispiele, die *Freud* in seinem Buch ›Die Traumdeutung‹ im Kapitel ›Typische Träume‹ im Abschnitt b) ›Die Träume vom Tod teurer Personen‹ gibt (II/III 254 ff.). *Freud* macht am Anfang dieses Abschnittes die Unterscheidung zwischen Träumen vom Tod lieber Nächster, die von Trauer begleitet sind und denen, die ohne jede Gefühlsanteilnahme verlaufen. Diese gefühlskalten Todesträume läßt *Freud* beiseite. Sie bedeuten nach ihm etwas anderes als sie enthalten. Sie sind dazu bestimmt, irgendeinen anderen Wunsch zu verbergen (vgl. Beispiel ebd. 254). Beachtung bedürfen, in unserem wie in *Freuds* Zusammenhang, die Träume, in denen der Tod naher Personen mit Affekt schmerzlich empfunden wird. Diese Träume meinen wirklich, was ihr Inhalt ist, den Tod eben eines solchen Menschen (Beispiele ebd. 254 ff.). Da die Aggression mit ihren Todeswünschen im Bereich der Verwandtschafts- und Freundschaftsbeziehungen am wenigsten Gelegenheit hat, zum Austrag zu kommen, weil hier durch die mit ihr vermischten libidinösen Bindungen ein ausgeglichener, wenn auch höchst ambivalenter Zustand geschaffen wird und zusätzlich durch moralische Gebote und Verbote eine Art Doppelhemmung erzielt wird, staut sich die Aggression auf und sucht nach Kanälen außerhalb dieses Bereichs. Die Äußerung wird dort in Fällen erleichtert, in denen die durch irgendwelche Besonderheiten der Situation, die Gegner, Rivalen, Konkurrenten, Ausländer usw. so fremd wirken, daß jede libidinöse Bindung ausgeschlossen und an ihrer Stelle nicht einmal dergleichen wie Achtung vor dem Menschen zu beobachten ist. Besonderes Ziel dieser todwünschenden Aggression werden darum alle, die durch irgendwelche Merkmale den Charakter des Fremden zeigen, oder an denen man meint, Merkmale aufweisen zu können, die sie zu Fremden machen. Das ist immer leicht der Fall, wenn sie der Ordnung einer sozialen Gruppe nicht voll integriert sind oder wenn sie selbst durch Kritik oder Tat die Ordnung dieser Gruppe in Frage stellen oder gefährden. Wird dabei in irgendeiner Weise der Rahmen der Legalität berührt oder sogar gelockert, steigert sich die Aggression zum Todeswunsch des definierbaren Gegners. (Ich verweise auf die Zusammenhänge mit Vorurteil, Ethnozentrismus, autoritäre Einstellung, Antisemitismus usw., vgl. Lit.-Verz.)

Mehrfach gehörte Äußerung über einen Studenten, der maniriert gekleidet, einen extravaganten, sehr gepflegten Bart trug und Tag und Nacht mit einer getönten Brille ging: »Den möchte ich zerdrücken wie eine ausgerauchte Zigarette!«

Offenbar genügten diese äußerlichen Merkmale, um ihn als Sonderling abzuurteilen. Besonders deutlich sind derartige Äußerungen oft in Situationen, die in die Politik hinüberreichen und die Interessen bestimmter Gruppen betreffen.

»Das ›Hol' ihn der Teufel‹, das sich so häufig in scherzendem Unmute über unsere Lippen drängt, und das eigentlich sagen will: ›Hol' ihn der Tod‹, in unserem Unbewußten ist es ernsthafter, kraftvoller Todeswunsch. Ja, unser Unbewußtes mordet selbst für Kleinigkeiten; wie die alte athenische Gesetzgebung des *Drakon* kennt es für Verbrechen keine andere Strafe als den Tod; und dies mit einer gewissen Konsequenz, denn jede Schädigung unseres allmächtigen und selbstherrlichen Ichs ist im Grunde ein crimen laesae majestatis.« (X 351)

Da uns das alles unangenehm ist, sowohl das Eingeständnis der Aggressionen mit ihren heimlichen Todeswünschen als auch der Gedanke an den Tod überhaupt, zeigen wir die Tendenz, ihn zu verleugnen:

»Wir haben die unverkennbare Tendenz gezeigt, den Tod beiseite zu schieben, ihn aus dem Leben zu eliminieren. Wir haben versucht, ihn totzuschweigen; wir besitzen ja auch das Sprichwort: man denke an etwas wie an den Tod.« (X 341)

Zwei Wege lassen sich unterscheiden, der ganz direkte des Nicht-wahr-haben-Wollens und der sublimere der Erledigung durch Verschiebung.

*Freud* vermutet, daß diese Mechanismen unseres Unbewußten in urmenschlichen Zeiten Lebenspraxis waren, in der wirklich das ausgeführt wurde, was bei uns nur psychische Realität hat (X 351). Ich zitiere dazu aus den Ausführungen über den Urmenschen (X 345 f.) den Eingangsabschnitt:

»Wie sich der Mensch der Vorzeit gegen den Tod verhalten, wissen wir natürlich nur durch Rückschlüsse und Konstruktionen, aber ich meine, daß diese Mittel uns ziemlich vertrauenswürdige Auskünfte ergeben haben. Der Urmensch hat sich in sehr merkwürdiger Weise zum Tode eingestellt. Gar nicht einheitlich, vielmehr recht widerspruchsvoll. Er hat einerseits den Tod ernst genommen, ihn als Aufhebung des Lebens anerkannt und sich seiner in diesem Sinne bedient, anderseits aber auch den Tod geleugnet, ihn zu nichts herabgedrückt. Dieser Widerspruch wurde durch den Umstand ermöglicht, daß er zum Tode des anderen, des Fremden, des Feindes, eine radikal andere Stellung einnahm als zu seinem eigenen. Der Tod des anderen war ihm recht, galt ihm als Vernichtung des Verhaßten, und der Urmensch kannte kein Bedenken, ihn herbeizuführen. Er war gewiß ein sehr leidenschaftliches Wesen, grausamer und bösartiger als andere Tiere. Er mordete gerne und wie selbstverständlich. Den Instinkt, der andere Tiere davon abhalten soll, Wesen der gleichen Art zu töten und zu verzehren, brauchen wir ihm nicht zuzuschreiben.« (X 345) *Freud* stellt im Vergleich des gegenwärtigen Menschen mit dem Urmenschen heraus, daß der gegenwärtige Mensch noch die gleiche Einstellung zum eigenen Tod und dem des Fremden hegt, aber mit dem Unterschied, daß die ausführende Handlung unterbleibt: »Unser Unbewußtes führt die Tötung nicht aus, es denkt und wünscht sie bloß.« (X 351) Er fügt aber gleich hinzu, daß diese nur psychische Wirklichkeit nicht zu unterschätzen sei. Der seelische Zustand des gegenwärtigen Menschen ist in seinen moralischen Hemmungen sehr labil. Es bleibt darum nicht in allen Fällen bei solchen Todeswünschen, sondern die Aggressivität sucht durchaus den Weg der Ausführung über die Motorik. So werden – um nur eine Zahl zu nennen – laut ›Spiegel‹ vom 10. 11. 1965 in einem Jahr, z. B. 1964, über 90 Kinder von ihren eigenen Eltern zu Tode gebracht. Das sind weit mehr als seit 1961 von Sexualverbrechern ermordet wurden.

Ein Sonderfall muß noch einmal näher beschrieben werden. Wie für den Urmenschen ergibt sich auch für den heutigen Menschen der Fall, in dem er den Tod einerseits als Lebensvernichtung anerkennt, andererseits ihn aber leugnet. Aus dem Zusammenstoß dieser beiden Seiten des gleichen Vorgangs ergibt sich ein schwerer seelischer Konflikt. Das ist jedesmal der Fall, wenn es für uns um den Tod oder die Lebensgefahr eines lieben bzw. geliebten Menschen geht.

»Diese Lieben sind uns einerseits ein innerer Besitz, Bestandteile unseres eigenen Ichs, andererseits aber auch teilweise Fremde, ja Feinde. Den zärtlichsten und innigsten unserer Liebesbeziehungen hängt mit Ausnahme ganz weniger Situationen ein Stückchen Feindseligkeit an, welches den unbewußten Todeswunsch anregen kann.« (X 353) Aus diesem Ambivalenzkonflikt folgt aber für den modernen Menschen nicht eine besondere ethische Einstellung, sondern die Neurose. Das geht besonders aus der überzärtlichen Sorge um das Wohl von Angehörigen als auch aus Selbstvorwürfen nach dem Tode einer geliebten oder geehrten Person hervor.

*Freud* meint, daß zu Unrecht durch derartige Deutungen die Psychoanalyse Abneigung und Unglauben des Laien auslöst, denn es sei keine Herabsetzung des Liebeslebens beabsichtigt und es liege auch wirklich keine vor. Indem die Natur mit dem Gegensatz von Liebe und Haß arbeitet, indem sie beide innig miteinander koppelt, bringt sie es fertig, »die Liebe immer wach und frisch zu erhalten, um sie gegen den hinter ihr lauernden Haß zu versichern. Man darf sagen, die schönsten Entfaltungen unseres Liebeslebens danken wir der *Reaktion* gegen den feindseligen Impuls, den wir in unserer Brust verspüren.« (X 353 f.)

Die Deutung des Triebgeschehens in dieser Phase der Unterscheidung von libidinösen und Ich-Trieben stellt ganz nachdrücklich die reaktive Natur der Aggression heraus. Ihr Ursprung ist nicht biologisch bedingt, wie das bei der Sexualität der Fall ist, sondern in dem Selbsterhaltungsstreben des Ich, alles abzuwehren, was es bedroht und an der Befriedigung seiner Triebe hindert.

## *Einführung des Todestriebes*

Aufgeschreckt durch die Wirrnisse des ersten Weltkrieges sah *Freud* sich schließlich genötigt, der Aggression mehr Aufmerksamkeit zu schenken. Seine Beobachtungen fanden ihren ersten theoretischen Niederschlag in der vorausgehend interpretierten Schrift ›Zeitgemäßes über Krieg und Tod‹. Die darin enthaltenen Aufzeichnungen über Aggression, Mordabsichten und heimliche Todeswünsche mit dem Streben, alles Entgegenstehende beiseite zu schaffen und das am sichersten durch Vernichtung und Tod in den anorganischen Zustand des Passivseins zu verwandeln, weisen deutlich voraus auf *Freuds* spätere Deutung des Triebgeschehens. Im Verfolg dieser Phänomene und um die richtige Deutung von Wiederholungszwang, Nirwanastreben und Sadismus bemüht, führte das schließlich zu Konsequenzen in der Theorienbildung, die ihre erste Ausführung in ›Jenseits des Lustprinzips‹ fand (XIII 1–69). *Freud* selbst sagt, daß diese und spätere Arbeiten einen weiten Schritt aus der rein psychologischen Deutung heraus in den Bereich metapsychologischer Spekulation darstellen (Selbstdarstellung XIV 84), in der er nachträglich eine geistige Verwandtschaft zu G. Th. *Fechner, Schopenhauer* und *Nietzsche* feststellte (86). Er gibt selbst für den Beginn dieser neuen Deutungsphase das Jahr 1920 an (XIII 268). Die darin zum Ausdruck kommende Einführung eines eigenständig wirkenden Todestriebes ist nach E. *Fromm* »die einzige große schöpferische Revision, die das psychoanalytische Denken je gekannt hat.« (1959, 153, Fußnote)

Der Todestrieb bringt das Streben des Organismus zum Ausdruck, zu einem anorganischen Zustand des Nichtlebendigseins zurückzukehren. In dieser Tendenz ist er genauso konservativ (Selbstdarstellung XIV 84) wie alle anderen Triebe, zur Erhaltung der Energie, d. h. Rückkehr zu einem spannungslosen Zustand. »Diese im Wesen konservative Natur der Triebe wird durch die Erscheinungen des *Wiederholungszwanges* erläutert.« (ebd.)

Dem Todestrieb stehen die Lebenstriebe entgegen, die libidinöse und Ich-Triebe umfassen.

»Wir nehmen an, daß die Triebe des Menschen nur von

zweierlei Art sind, entweder solche, die erhalten und vereinigen wollen, – wir heißen sie erotische, ganz im Sinne des Eros im Symposion *Platos*, oder sexuelle mit bewußter Überdehnung des populären Begriffs von Sexualität, – und andere, die zerstören und töten wollen; wir fassen diese als Aggressionstrieb oder Zerstörungstrieb zusammen.« (Warum Krieg? XVI 20)

Mit dieser neuen Deutung, in der *Freud* libidinöse und Ich-Triebe im Urtrieb Eros zusammenfaßt, löst er Schwierigkeiten der vorausliegenden Phase seiner Theorienbildung – als Problem formuliert in ›Zur Einführung des Narzißmus‹ X 141 ff. –, in der er noch libidinösen Sexualtrieb von libidinösen Ich-Trieben schied (Triebe und Triebschicksale X 216 f.). Zu den Problemen, die sich beim Übergang von hier zur späteren Trieblehre ergeben, und zur Unterscheidung von Ich-Aktivität und Aggression vgl.: Barbara *Lantos*, Die zwei genetischen Ursprünge der Aggression und ihre Beziehungen zu Sublimierung und Neutralisierung (1958).

*Freud* war unschlüssig, für den Todestrieb eine der Libido korrespondierende Benennung zu finden: »Für die Energie des Destruktionstriebes fehlt uns ein der Libido analoger Terminus.« (XVII 72)

Paul *Federn* hat im Verfolg der Gedanken *Freuds* zur Bezeichnung des Destruktions- bzw. Todestriebes in der Theorie den Begriff ›Mortido‹ vorgeschlagen, Eduardo *Weiss* den der ›Destrudo‹. Der letztere Begriff hat sich seither mehr und mehr durchgesetzt, besonders im englischen Schrifttum.

Beide Triebe haben das Ziel, Spannung zu vermindern, die Lebenstriebe streben nach Befreiung von sexueller Spannung, der Todestrieb von der des Lebens überhaupt. Da alles Leben Spannung ist, die mit dem Tode endet, gewinnt der Todestrieb schließlich die Oberhand.

». . . dem seelischen Apparat wird die Absicht zugeschrieben, die ihm zuströmende Erregungssumme zu nichts zu machen, oder wenigstens nach Möglichkeit niedrig zu halten.« (Das ökonomische Problem des Masochismus XIII 372) *Freud* bezeichnet nach Barbara *Low* dieses ›supponierte Bestreben‹ als *Nirwanaprinzip* (ebd.). Dem Wunsch des Organismus, zu diesem passiven, spannungslosen Zustand des Todes zurückzukehren, stehen aber – wenigstens zeitweise – die Lebenstriebe entgegen, deren Ziel es ist, das Leben zu erhalten und einzig die Befreiung von sexueller Spannung zu dulden, nicht aller Spannung. Wenn der Organismus den Todestrieb nicht daran hindert, sein Ziel zu erreichen, wird der Tod bald eintreten. Die meisten Individuen dulden nicht, daß sich diese primäre Selbstzerstörungstendenz auswirken kann, denn, wie schon angedeutet, wirken dem die Lebenstriebe entgegen, denen es gelingt, die aggressiven Strebungen in den Dienst zu nehmen oder auf fremde Objekte abzuleiten. »Das Zusammen- und Gegeneinanderwirken von Eros und Todestrieb ergibt für uns das Bild des Lebens.« (Selbstdarstellung XIV 84) Auch die Lebensgeschichte eines jeden Lebewesens kann als ein Kampf zwischen Todes- und Lebenstrieben beschrieben werden. Das Leben endet, wenn die Lebenstriebe nicht mehr in der Lage sind, dem Todestrieb entgegenzuwirken. Je stärker der Todestrieb in einem Menschen wirksam ist, desto mehr Notwendigkeit besteht für ihn, die Aggression von sich selbst auf andere Objekte und Menschen abzuleiten. Alles an Aggression, was sich gegen fremde Objekte nicht austoben kann, wird sich auf das eigene Ich zurückwenden und ein unbewußtes Schuldgefühl erzeugen. Nach diesem Schema gibt es einen primären Masochismus, Schmerzlust (XIII 373), der nach außen gewendet werden muß, in Sadismus zu verwandeln ist – Destruktionstrieb, Bemächtigungstrieb, Wille zur Macht (XIII 376); der Anteil, der darin nicht zum Austrag kommt, wendet sich auf das eigene Ich zurück in der Form eines Sekundärmasochismus – Aufheben des Strebens nach Zerstörung, unbewußtes Schuldgefühl (XIII 378 f.).

»Wenn man sich über einige Ungenauigkeiten hinaussetzen will, kann man sagen, der im Organismus wirkende Todestrieb

– der Ursadismus – sei mit dem Masochismus identisch. Nachdem sein Hauptanteil nach außen auf die Objekte verlegt worden ist, verbleibt als sein Residuum im Innern der eigentliche erogene Masochismus, der einerseits eine Komponente der Libido geworden ist, anderseits noch immer das eigene Wesen zum Objekt hat. So wäre dieser Masochismus ein Zeuge und Überrest jener Bildungsphase, in der die für das Leben so wichtige Legierung von Todestrieb und Eros geschah. Wir werden nicht erstaunt sein zu hören, daß unter bestimmten Verhältnissen der nach außen gewendete, projizierte Sadismus oder Destruktionstrieb wieder introjiziert, nach innen gewendet werden kann, solcherart in seine frühere Situation regediert. Er ergibt dann den sekundären Masochismus, der sich zum ursprünglichen hinzuaddiert.« (Das ökonomische Problem des Masochismus XIII 377)

Das ist nun ganz eindeutig die Umkehrung der anfänglichen Position, die *Freud* eingenommen hatte. In den ersten Phasen der Theorienbildung ging der Sadismus dem Masochismus voraus, wie besonders in den Schriften ›Drei Abhandlungen zur Sexualtheorie‹ und ›Triebe und Triebschicksale‹ ausgeführt ist. Dort verwies er bei späteren Auflagen jedesmal auf die spätere Umkehrung seiner Deutung, wie sie in ›Das ökonomische Problem des Masochismus‹ entwickelt wurde.

In der letzten Phase sind Todes- und Lebenstrieb ganz parallel gebildet. Libido entspringt den Lebenstrieben, die außerdem die Selbsterhaltungstendenzen umfassen. Im Entwicklungsschema der Libido folgt dem anfänglichen Narzißmus (Selbstliebe) Objektlibido, d. h. die Liebe kehrt sich vom Ich ab und wendet sich fremden Objekten zu. Daran kann sich eine Wendung zu einem Sekundärnarzißmus anschließen, wenn sich die sexuellen Impulse nicht ganz an fremden Objekten entladen können.

Die Aggression leitet sich vom Todestrieb ab. Im Entwicklungsschema des Todestriebes folgt dem anfänglichen Masochismus der Sadismus, die Aggression wird vom Ich auf fremde Objekte und Menschen abgeleitet. Diesem Sadismus kann im Rückschlag ein sekundärer Masochismus folgen, wenn sich die Aggression nicht voll gegen fremde Objekte entladen kann. (Das ökonomische Problem des Masochismus XIII 371 ff.) Es entsteht nachfolgend daraus ein unbewußtes Schuldgefühl. In der angedeuteten Weise durchlaufen Narzißmus und Masochismus gleiche Bahnen in der Entwicklung eines Individuums.

*Freud* versuchte auch zu erklären, warum dieser Todestrieb so schwer nachweisbar ist. Die Triebe treten fast nie in reiner Form auf, sondern immer schon in einer Mischung:

»Es fehlt uns jedes physiologische Verständnis dafür, auf welchen Wegen und mit welchen Mitteln sich diese Bändigung des Todestriebes durch die Libido vollziehen mag. Im psychoanalytischen Gedankenkreis können wir nur annehmen, daß eine sehr ausgiebige, in ihren Verhältnissen variable Vermischung und Verquickung der beiden Triebarten zustande kommt, so daß wir überhaupt nicht mit reinen Todes- und Lebenstrieben, sondern nur mit verschiedenwertigen Vermengungen derselben rechnen sollten. Der Triebvermischung mag unter gewissen Einwirkungen eine Entmischung derselben entsprechen. Wie groß die Anteile der Todestriebe sind, welche sich solcher Bändigung durch die Bindung an libidinöse Zusätze entziehen, läßt sich derzeit nicht erraten.« (376 f.; vgl. auch das Ich und das Es XIII 269) Dabei werden die stillen Bewegungen des geräuschlos arbeitenden Todestriebes (Selbstdarstellung XIV 84) überdeckt durch die deutlicheren des geräuschvollen Lebenstriebes, die den Todestrieb zu unterdrücken oder sich mit ihm zu mischen versuchen, um ihn an der Erreichung seines Zieles zu hindern und der ihres zu nutzen. Schließlich kam *Freud* dahin, im Sadismus das Wirken des Todestriebes aufzudecken. »Die zweite Triebart aufzuzeigen, bereitete uns Schwierigkeiten; endlich kamen wir darauf, den Sadismus als Repräsentanten derselben anzusehen.« (Das Ich und das Es XIII 268)

Die direkteste Mischung von Todes- und Lebenstrieben führt zum Masochismus, der angenehmsten Erfahrungsweise von Schmerz.

Ich fasse diese Ausführungen über *Freuds* schließliche Triebलehre mit einem längeren Zitat aus seiner *Schrift* ›Das Ich und das Es‹ (1923) 4. Kapitel ›Die beiden Triebarten‹ zusammen: »Über die Triebe habe ich kürzlich (Jenseits des Lustprinzips) eine Anschauung entwickelt, die ich hier festhalten und den weiteren Erörterungen zugrunde legen werde. Daß man zwei Triebarten zu unterscheiden hat, von denen die eine, *Sexualtriebe* oder Eros, die bei weitem auffälligere und der Kenntnis zugänglichere ist. Sie umfaßt nicht nur den eigentlichen ungehemmten Sexualtrieb und die von ihm abgeleiteten zielgehemmten und sublimierten Triebregungen, sondern auch den Selbsterhaltungstrieb, den wir dem Ich zuschreiben müssen und den wir zu Anfang der analytischen Arbeit mit guten Gründen den sexuellen Objekttrieben gegenübergestellt hatten. Die zweite Triebart aufzuzeigen, bereitete uns Schwierigkeiten; endlich kamen wir darauf, den Sadismus als Repräsentanten derselben anzusehen. Auf Grund theoretischer, durch die Biologie gestützter Überlegungen supponierten wir einen *Todestrieb*, dem die Aufgabe gestellt ist, das organische Lebende in den leblosen Zustand zurückzuführen, während der Eros das Ziel verfolgt, das Leben durch immer weitergreifende Zusammenfassung der in Partikel zersprengten lebenden Substanz zu komplizieren, natürlich es dabei zu erhalten. Beide Triebe benehmen sich dabei im strengsten Sinne konservativ, indem sie die Wiederherstellung eines durch die Entstehung des Lebens gestörten Zustandes anstreben. Die Entstehung des Lebens wäre also die Ursache des Weiterlebens und gleichzeitig auch des Strebens nach dem Tode, das Leben selbst ein Kampf und Kompromiß zwischen diesen beiden Strebungen. Die Frage nach der Herkunft des Lebens bliebe eine kosmologische, die nach Zweck und Absicht des Lebens wäre *dualistisch* beantwortet.« – Dualistisch wird hier von *Freud* ge-

sperrt gedruckt. Das sei schon an dieser Stelle gegen die später zu zitierende Äußerung von *Lorenz* betont, der behauptet, *Freud* sei zu allen Zeiten ein guter Monist gewesen. *Mitscherlich* bestärkt in dieser Akzentuierung des Dualismus:
»Die psychoanalytische Triebtheorie ist eine ›von Anfang an‹ dualistische; die Neuformulierung in Freuds Alterswerk behält diese Trennung bei, faßt sie sogar noch ›schärfer als zuvor, seitdem wir die Gegenstände nicht mehr Ich und Sexualtriebe, sondern Lebens- und Todestriebe benennen‹ (XIII 57).« (1956, 180) und: »Freud hat das Triebgeschehen immer dualistisch gesehen.« (1958, 529). –
»Jeder dieser beiden Triebarten wäre ein besonderer physiologischer Prozeß (Aufbau und Zerfall) zugeordnet, in jedem Stück lebender Substanz wären beiderlei Triebe tätig, aber doch in ungleicher Mischung, so daß eine Substanz die Hauptvertretung des Eros übernehmen könnte.
In welcher Weise sich Triebe der beiden Arten miteinander verbinden, vermischen, legieren, wäre noch ganz unvorstellbar; daß dies aber regelmäßig und in großem Ausmaß geschieht, ist eine in unserem Zusammenhang unabweisbare Annahme. Infolge der Verbindung der einzelligen Elementarorganismen zu mehrzelligen Lebewesen wäre es gelungen, den Todestrieb der Einzelzelle zu neutralisieren und die destruktiven Regungen durch Vermittlung eines besonderen Organs auf die Außenwelt abzuleiten. Dies Organ wäre die Muskulatur und der Todestrieb würde sich nun – wahrscheinlich doch nur teilweise – als *Destruktionstrieb* gegen die Außenwelt und andere Lebewesen äußern.
Haben wir einmal die Vorstellung von einer Mischung der beiden Triebarten angenommen, so drängt sich uns auch die Möglichkeit einer – mehr oder minder vollständigen – *Entmischung* derselben auf. In der sadistischen Komponente des Sexualtriebes hätten wir ein klassisches Beispiel einer zweckdienlichen Triebmischung vor uns, im selbständig gewordenen *Sadismus* als Perversion das Vorbild einer, allerdings nicht bis

zum äußersten getriebenen Entmischung. Es eröffnet sich uns dann ein Einblick in ein großes Gebiet von Tatsachen, welches noch nicht in diesem Licht betrachtet worden ist. Wir erkennen, daß der *Destruktionstrieb* regelmäßig zu Zwecken der Abfuhr in den Dienst des Eros gestellt ist.« (XIII 268 ff.)

Vier Dinge seien noch besonders hervorgehoben:

1. Diese Triebe sind eine theoretische Konstruktion. Sie sind keine direkte Beschreibung von Wirklichkeit. *Freud* selbst nannte die Triebtheorie seine ›Mythologie‹, weil in ihr den Trieben die Kraft von Halbgöttern zugeschrieben wird, die alle Erscheinungen des Lebens und Sterbens bestimmen.

*Freud* gibt selber zu, daß er mit der Rückführung aller Lebensphänomene auf das einfache Gegensatzpaar von Lebens- und Todestrieben diese mit der Allmacht von Halbgöttern – die beiden »himmlischen Mächte« (XIV 506) – ausstattet und sich dem Verdacht aussetzt, eine Mythologie zu entwerfen:

»Vielleicht haben Sie (Einstein) den Eindruck, unsere Theorien seien eine Art von Mythologie, nicht einmal eine erfreuliche in diesem Fall. Aber läuft nicht jede Naturwissenschaft auf eine solche Art von Mythologie hinaus? Geht es Ihnen heute in der Physik anders?« (XVI 22)

Ähnlich heißt es in ›Neue Folge der Vorlesungen zur Einführung in die Psychoanalyse‹:

»Die Trieblehre ist sozusagen unsere Mythologie. Die Triebe sind mythische Wesen, großartig in ihrer Unbestimmtheit. Wir können in unserer Arbeit keinen Augenblick von ihnen absehen und sind dabei nie sicher, sie scharf zu sehen.« (XV 101) *Freud* will sich damit nicht selbst als Mythen- und Religionsersatzstifter herausstellen, sondern den Modellcharakter seiner Trieblehre umschreiben. – *Mitscherlich* übersetzt »unsere Mythologie«, das vorangestellte »sozusagen« akzentuierend, mit »unsere Arbeitshypothese« (1958, 529, Fußnote). –

*Freud* will damit zum Ausdruck bringen, daß, so wie die Mythologie in einem ersten Versuch der Aufklärung die un-

sichtbaren Naturkräfte auf personifizierte Kräfte – Gottheiten – überträgt und so begreifbar macht, die Triebtheorie versucht, die »nicht scharf zu sehenden« Triebe zu deuten. Es hat die Aufklärung über die Triebe allerdings tatsächlich ein Moment des Mythologischen bzw. des Mythologieersatzes, weil die Triebe und ihr Wirken genau an die Stelle gerückt werden, an der früher Gottheiten wirkend gedacht wurden. Ähnliches ist auch in den Naturwissenschaften geschehen, die alle Vorgänge unter dem Gesichtspunkt der Kausalität betrachten. Nihil est sine ratione. Der Begriff der Ursache wird zur spätesten Säkularisierung des göttlichen, schaffenden Prinzips, wie *Horkheimer* und *Adorno* in der ›Dialektik der Aufklärung‹ (1947, 15 f.) aufgewiesen haben.
2. daß *Freud* den Todestrieb wegen seiner primären Aufgabe, das organische Lebende in den leblosen Zustand zu verwandeln als *Todestrieb* bezeichnet und erst seine Ableitung über die Muskulatur auf die Außenwelt als Aggressions- bzw. Destruktionstrieb.
Verf. selbst neigt dazu, den Aggressionstrieb von den biologischen Voraussetzungen zu befreien, ihn aber wegen der ihn begleitenden – wenn auch heimlichen – Vernichtungs- und Todeswünsche als Todestrieb zu deuten.
*Fromm* definiert diesen Sachverhalt zutreffend als Nekrophilie, die Anziehung durch die Zerstörung und alles, was mechanisch und nicht lebendig ist. Im Gegensatz dazu steht das Gegensyndrom der Biophilie, die besondere Liebe zum Leben. Diese beiden Begriffe entsprechen den beiden Grundtrieben *Freuds*, sind aber anders als nach der Triebtheorie möglich, Bezeichnungen für weit komplexere Sachverhalte. (Fromm 1968, 1969, in Schatz 1970, 29 f. u. 1974).
3. *Freud* bezeichnete den Todestrieb wegen seiner primären Aufgabe, das organisch Lebende in den leblosen Zustand zu verwandeln, als Todestrieb, und erst seine Ableitung über die Muskulatur auf die Außenwelt als Aggressions- bzw. *Destruktionstrieb*.

Die Ableitung der psychisch wirksamen aggressiven Energie erfolgt über das »besondere Organsystem« der Muskulatur (XIII 376). Das ist besonders wichtig unter dem Aspekt der Selbstdomestikation (XVI 26) des Menschen. Mit der Abschwächung der notwendigen Abfuhr über die Motorik ist der Triebrest nicht ungefährlicher geworden, denn schnelle und handliche Waffen usw. bieten leichtfertigen, sicherer wirkenden Ersatz. Außerdem ist die Sublimierung vom wirklichen Mord zur verbalisierenden Ausschaltung von Gegnern nicht weniger gefährlich. Die Verwandlung z. B. von Mord in Rufmord behält das Grausame der Aggression bei. (Vgl. Hermann 1966) Bei den weitwirkenden Waffen, bei deren Anwendung der Gegner oft nicht einmal sichtbar ist, wird die auch dem Menschen angeborene Tötungshemmung ausgeschaltet.

*Hegel* hatte die Erfindung des Zündnagelgewehrs als moralischen Fortschritt gerade darum gepriesen, weil man nun nicht so sehe, wie der andere umkommt, ahnungslos welches Grauen des modernen Tötens seit der Zeit begann. –

4. *Freud* gesteht, daß er zunächst sehr zögerte, diese Theorie zu entfalten, aber schließlich nicht mehr auf sie verzichten konnte:

»Ich hatte die hier entwickelten Auffassungen anfangs nur versuchsweise vertreten, aber im Laufe der Zeit haben sie eine solche Macht über mich gewonnen, daß ich nicht mehr anders denken kann.« (Das Unbehagen in der Kultur XIV 478 f.)

In seinen Vorlesungen ›Neue Folge der Vorlesungen zur Einführung in die Psychoanalyse‹ meint er, seine Hörer würden sich über eine derartige Theorie nicht verwundern, weil sie glaubten, das wäre nur eine theoretische Umschreibung des alten banalen Gegensatzes von Lieben und Hassen. Und doch ist von vielen die Theorie als eine nicht wünschenswerte Neuerung verstanden worden, die bald wieder beseitigt und wegdiskutiert werden sollte. *Freud* vermutet ein stark affektives Moment in der Abwehr, die gleiche, die ihn selbst anfänglich darin hinderte, den Aggressionstrieb anzuerkennen. Und er spricht die Vermutung aus, die nachträglich wie eine Prophezeiung klingt: »Wahrscheinlich würde es auf geringen Widerstand stoßen, wenn man den Tieren einen Trieb mit solchem Ziel zuschreiben wollte.« (XV 110)

## *Warum Krieg?*

Nach diesen Darlegungen über die Triebtheorie nach Einführung der Todestriebhypothese soll noch einmal das Problem des Zusammenhangs zwischen Aggression und Massenaggression aufgegriffen werden, wie es schon in der Arbeit ›Zeitgemäßes über Krieg und Tod‹ Thema war. Dort bildete die Triebtheorie mit Unterscheidung von libidinösen – und Ich-Trieben die theoretische Voraussetzung. Es wird zu beachten sein, wie *Freud* nun unter Einbeziehung des Todestriebes die gleichen Vorgänge interpretiert. Die Gedanken finden Ausdruck in einem Antwortbrief an Albert *Einstein* vom September 1932 und sind unter dem Titel ›Warum Krieg?‹ in der Gesamtausgabe abgedruckt (XVI 11–27). Die Vorgeschichte dieses Briefwechsels sei kurz angedeutet. *Einstein* und *Freud* hatten sich zweimal in Berlin getroffen. In einem Brief von 1931 oder Anfang 1932 hatte *Einstein* schon das Problem der Verhinderung von Kriegen angeschnitten: *Einstein* bewundert darin eingangs *Freuds* nüchterne Wahrheitssuche:
»Es ist zu bewundern, wie bei Ihnen die Sehnsucht nach dem Sehen der Wahrheit jede andere Sehnsucht überwunden hat. Sie zeigen mit unwiderstehlicher Klarheit, wie untrennbar die Instinkte des Kampfes und der Vernichtung mit denen der Liebe und der Lebensbejahung in der menschlichen Psyche verbunden sind. Aber es leuchtet aus ihren zwingenden Darlegungen zugleich eine tiefe Sehnsucht nach dem großen Ziel der inneren und äußeren Befreiung des Menschen vom Kriege. Zu dieser großen Sehnsucht bekannten sich alle, die über ihre

Zeit und ihre Nation hinaus als Führer in der geistigen und moralischen Sphäre verehrt wurden. Da herrscht Einigkeit von Jesus Christus bis Goethe und Kant. Ist es nicht bedeutsam, daß solche Menschen eben doch allgemein als Führer anerkannt wurden, obschon sich ihr Wille zur Gestaltung menschlicher Verhältnisse nur sehr mangelhaft durchsetzen konnte?« (Einstein 1964 S. 50 f.) Er ist in den weiteren Ausführungen dieses Briefes der Ansicht, daß die großen geistigen Persönlichkeiten fast alle dieser Einstellung sind, aber auf das politische Leben wenig Einfluß haben. Dort sieht es so aus, als ob für das Schicksal der Staaten nur die »Hemmungslosigkeit und Verantwortungslosigkeit der politischen Machthaber« bestimmend ist. Nach *Einstein* liegt das vor allem daran, daß die geistigen Persönlichkeiten zu isoliert leben. Er hält es aber für möglich, durch eine freie Verbindung dieser Persönlichkeiten eine kritisch wirkende Instanz und Organisation zu begründen. Er stellt sich ihre Arbeit so vor:
»Diese Gemeinschaft von internationalem Charakter, deren Mitglieder durch ständigen Austausch der Meinungen in Fühlung bleiben müßten, könnte durch Stellungnahme in der Presse – immer unter der Verantwortung der jeweils unterzeichnenden Mitglieder – auf die Lösung politischer Fragen einen bedeutenden und heilsamen moralischen Einfluß gewinnen. Freilich würde eine solche Gemeinschaft an all den Übelständen kranken, die bei den gelehrten Akademien so vielfach zur Degeneration führen, Gefahren, die unlöslich mit den Mängeln der menschlichen Natur verbunden sind. Sollte eine solche Anstrengung nicht dennoch gewagt werden? Ich halte einen solchen Versuch geradezu für eine unabweisbare Pflicht.« (ebd.) Er glaubt, daß von einer derartigen Organisation der Völkerbund starke moralische Unterstützung erführe.
Wenig später wendet sich *Einstein* abermals an *Freud*. Diesmal in offiziellem Auftrag. Im Jahr 1931 hatte nämlich das ›Comité permanent des Lettres et des Arts de le Société des Nations‹ die Internationale Kommission für geistige Zusam-

menarbeit aufgefordert, »einen Briefwechsel zwischen den repräsentativen Vertretern des Geisteslebens anzuregen, ähnlich jenem Gedankenaustausch, der in dieser Form stets, vor allem in den großen Epochen der europäischen Geschichte stattgefunden hat; dafür Themen auszuwählen, die am besten geeignet sind, den gemeinsamen Interessen des Völkerbundes und des geistigen Lebens zu dienen; und diesen Briefwechsel periodisch zu veröffentlichen« (zitiert nach Freud XVI 12).
In Durchführung dieses Beschlusses gab das Völkerbundinstitut für geistige Zusammenarbeit (Institut International de Coopération Intellectuelle) in Paris eine Reihe ›Correspondance‹, ›Open letters‹ heraus. Den Inhalt des zweiten Bandes dieser Reihe, der Anfang 1933 unter dem Titel ›Warum Krieg?‹, ›Pourquoi la guerre?‹, ›Why war?‹ zugleich in deutscher, französischer und englischer Sprache in Paris erschienen ist, bilden ein Brief von Albert *Einstein* und der Antwortbrief *Freuds*. (s. Denker 1968 b S. 175–213)
*Einstein* stellt in seinem Brief ›Caputh bei Potsdam, 30. Juli 1932‹ das Thema für den Briefaustausch:
»Gibt es einen Weg, die Menschen vom Verhängnis des Krieges zu befreien?« Es wären dabei Probleme zu lösen, die nur der Psychologe bewältigen könne. *Einstein* entwickelt dann seine eigenen Vorstellungen. Die organisatorische Seite erscheint ihm als nicht so überaus schwierig. »Die Staaten schaffen eine legislative und gerichtliche Behörde zur Schlichtung aller zwischen ihnen entstehenden Konflikte« und übernehmen die Verpflichtung, sich den Beschlüssen dieser Behörde zu fügen. *Einstein* sieht die Schwierigkeit darin, daß eine solche Behörde außerrechtlichen Übergriffen leicht zum Opfer fallen könnte, weil sie keine Macht besitzt, Minderheiten von Herrschsüchtigen entgegenzuwirken. Besonders bedenkenswert ist für *Einstein* die Frage, welchen psychischen Mechanismen zufolge es z. B. Diktatoren und kriegslüsterne Minderheiten fertigbringen, große Menschengruppen ihren Plänen dienstbar zu machen. Sie hätten dabei doch nur zu

verlieren. »Wie ist es möglich, daß sich die Masse ... bis zur Raserei und Selbstaufopferung entflammen läßt?« Und er wendet sich mit der Frage an den Psychologen: »Gibt es eine Möglichkeit, die psychische Entwicklung der Menschen so zu leiten, daß sie den Psychosen des Hasses und des Vernichtens gegenüber widerstandsfähiger werden?« (zitiert nach Freud XVI 12)

*Freud* gesteht in seiner Antwort eingangs, daß er zunächst von *Einsteins* Fragestellung überrascht gewesen sei.

»Sie haben mich dann durch die Fragestellung überrascht, was man tun könne, um das Verhängnis des Krieges von den Menschen abzuwehren. Ich erschrak zunächst unter dem Eindruck meiner – fast hätte ich gesagt: unserer – Inkompetenz, denn das erschien mir als eine praktische Aufgabe, die den Staatsmännern zufällt. Ich verstand dann aber, daß Sie die Frage nicht als Naturforscher und Physiker erhoben haben, sondern als Menschenfreund, der den Anregungen des Völkerbunds gefolgt war, ähnlich wie der Polarforscher Fridtjof *Nansen* es auf sich genommen hatte, den Hungernden und den heimatlosen Opfern des Weltkrieges Hilfe zu bringen. Ich besann mich auch, daß mir nicht zugemutet wird, praktische Vorschläge zu machen, sondern daß ich nur angeben soll, wie sich das Problem der Kriegsverhütung einer psychologischen Betrachtung darstellt.« (13)

Den praktischen Vorschlägen *Einsteins* stimmt *Freud* uneingeschränkt zu und will sie nun seinerseits theoretisch stützen.

Er geht dabei von *Einsteins* Überlegungen zum Verhältnis von Recht und Macht aus. *Freud* verschärft den Gegensatz in den von Recht und Gewalt. Er will durch einen Rückgriff in die Geschichte andeuten, wie sich das eine aus dem anderen entwickelt hat.

Genau wie im Tierreich wurden anfänglich bei den Menschen Interessenkonflikte immer durch die Anwendung von Gewalt entschieden. Beim Menschen kamen dann noch Meinungskonflikte hinzu. In den kleinen Menschenhorden der Frühzeit entschied Muskelkraft darüber, wem etwas gehören oder wessen Wille zur Ausführung kommen sollte. Bald wurden in diesen Auseinandersetzungen Waffen zur Hilfe genommen. Nun siegte, wer die besseren Waffen hatte oder wer sie geschickter und schneller handhaben konnte. Ziel dieser Auseinandersetzungen war immer, den Gegner durch Lähmung seiner Kräfte zu zwingen, seine Ansprüche aufzugeben. Am sichersten wurde das durch den Tod des Gegners gewährleistet. Damit wurde gleichzeitig die Neigung des aggressiven Todestriebes befriedigt.

Gegen diese Macht herrschsüchtiger Hordenführer half nur die Vereinigung mehrerer Schwacher. Durch Verzicht auf egoistische Wünsche gewannen sie Sicherheit in gemeinsamen Aktionen. Ihre Vereinigung war aber nur dann wirklich wirksam, wenn sie dauerhaft organisiert war. Es galt darum Institutionen zu schaffen, »die über die Einhaltung der Vorschriften – Gesetze – wachen und die Ausführung der rechtmäßigen Gewaltakte besorgen. In der Anerkennung einer solchen Interessengemeinschaft stellen sich unter den Mitgliedern einer geeinten Menschengruppe Gefühlsbindungen her, Gemeinschaftsgefühle, in denen ihre eigentliche Stärke beruht«. (16) Ein ausgeglichener Zustand würde in einer derartigen Gruppe allerdings nur herrschen, wenn sie eine Vereinigung gleich starker Individuen wäre. Die Verhältnisse komplizieren sich durch die Ungleichartigkeit der Mitglieder wie z. B. Gegensätze Mann–Frau, Eltern–Kinder, Herren und Sklaven. In solchen Gruppen wird das Recht durch die herrschenden Mächtigen bestimmt. Es gibt dann zwei Quellen der Rechtsverunsicherung:

1. Die Versuche einzelner Herren, die ganze Macht an sich zu reißen, also auf die Gewaltherrschaft zurückzugreifen;
2. das ständige Streben der Unterdrückten, mehr Recht für sich zu erwerben, um schließlich zum gleichen Recht für alle zu gelangen. Die Quelle der Rechtsverunsicherung ist also

gleichzeitig auch eine Quelle des Rechtsfortschritts, wenn sie Verhältnisse der Unterdrückung beseitigt. Wenn die Herrschenden nicht bereit sind, auf friedlichem Wege den Unterdrückten mehr Rechte einzuräumen, kann es zu Unruhen, Revolutionen, Bürgerkrieg usw. kommen. Nach *Freud* wird im Laufe des Kultivierungsprozesses die Tendenz zur friedlichen Lösung innergesellschaftlicher Probleme zunehmen.

Schwieriger liegen nach *Freud* die Verhältnisse bei den Konflikten zwischen den Großindividuen, den Staaten. »Ein Blick in die Menschheitsgeschichte zeigt uns aber eine unaufhörliche Reihe von Konflikten zwischen einem Gemeinwesen und einem oder mehreren anderen, zwischen größeren und kleineren Einheiten, Stadtgebieten, Landschaften, Stämmen, Völkern, Reichen, die fast immer durch die Kraftprobe des Krieges entschieden werden. Solche Kriege gehen entweder in Beraubung oder in volle Unterwerfung, Eroberung des einen Teils, aus.« (17)

Viele dieser Kriege haben nach *Freud* nur Unheil gebracht, andere hatten den Vorteil, daß sie durch Zusammenschluß mehrerer kleiner Staaten zur Entstehung von Großmächten führten, in denen durch eine gemeinsame Rechtsordnung eine friedliche Schlichtung von Konflikten möglich wurde, z. B. im römischen Weltreich. *Freud* erwägt sogar für einen Moment die Möglichkeit, ob nicht ein Weltkrieg zu einem Weltfrieden führen könnte, wenn alle Staaten unter eine Zentralgewalt gebracht würden.

»So paradox es klingt, man muß doch zugestehen, der Krieg wäre kein ungeeignetes Mittel zur Herstellung des ersehnten ›ewigen‹ Friedens, weil er imstande ist, jene großen Einheiten zu schaffen, innerhalb deren eine starke Zentralgewalt weitere Kriege unmöglich macht. Aber er taugt doch nicht dazu, denn die Erfolge der Eroberung sind in der Regel nicht dauerhaft; die neu geschaffenen Einheiten zerfallen wieder, meist infolge des mangelnden Zusammenhalts der gewaltsam geeinigten Teile. Und außerdem konnte die Eroberung bisher nur partielle Einigungen, wenn auch von größerem Umfang, schaffen, deren Konflikte die gewaltsame Entscheidung erst recht herausforderten. So ergab sich als die Folge all dieser kriegerischen Anstrengungen nur, daß die Menschheit zahlreiche, ja unaufhörliche Kleinkriege gegen seltene, aber um so mehr verheerende Großkriege eintauschte.« (18)

Die Konsequenz für die Gegenwart daraus liegt nach *Freud*, und damit bestätigt er *Einsteins* Vorstellungen, darin, daß eine Verhütung weiterer Kriege nur möglich wäre, wenn es gelänge, eine Zentralgewalt zu schaffen, die als Schiedsrichter bei allen Konflikten zu gelten hätte. Der Völkerbund ist als solche Instanz gedacht, besäße aber wenig Autorität, weil er keine eigene Macht hat. Nur durch die Wirkung von Ideen könne man keinen dauernden Zusammenschluß garantieren. Außerdem gäbe es auch gar keine wirksame völkerumspannende Idee in der Gegenwart, nicht einmal die eines dauernden Friedens und weltbürgerlicher Humanität.

»Auch in unserer Zeit gibt es keine Idee, der man eine solche einigende Autorität zumuten könnte. Daß die heute die Völker beherrschenden nationalen Ideale zu einer gegenteiligen Wirkung drängen, ist ja allzu deutlich. Es gibt Personen, die vorhersagen, erst das allgemeine Durchdringen der bolschewistischen Denkungsart werde den Kriegen ein Ende machen können, aber von solchem Ziel sind wir heute jedenfalls weit entfernt, und vielleicht wäre es nur nach schrecklichen Bürgerkriegen erreichbar. So scheint es also, daß der Versuch, reale Macht durch die Macht der Ideen zu ersetzen, heute noch zum Fehlschlagen verurteilt ist. Es ist ein Fehler in der Rechnung, wenn man nicht berücksichtigt, daß Recht ursprünglich rohe Gewalt war und noch heute der Stützung durch die Gewalt nicht entbehren kann.« (19 f.)

Um die leichte Verhetzbarkeit der Massen zu kriegerischen Zwecken zu erklären, greift *Freud* auf seine Triebtheorie zurück und versucht sie *Einstein* in einer knappen Skizze zu verdeutlichen. Er geht aus von dem Gegensatz der Lebens-

und Todestriebe und beschreibt, wie aus ihrem Gegeneinander- aber auch Zusammenwirken die Erscheinungen des Lebens hervorgehen.
Sodann zeigt er auf, daß eine Handlung nicht aus einer einzelnen Triebregelung, die ihrerseits immer schon eine Mischung aus Eros und Destruktion ist, hervorgeht, sondern daß meist mehrere Motive zusammenwirken, um eine Handlung zu ermöglichen. Er bezieht sich zur Erklärung auf die Motivenrose von G. Ch. *Lichtenberg*. Er kommt dabei für die Deutung der Kriegsgelüste zu dem Schluß:
»Wenn also die Menschen zum Krieg aufgefordert werden, so mögen eine ganze Anzahl von Motiven in ihnen zustimmend antworten, edle und gemeine, solche, von denen man laut spricht, und andere, die man beschweigt. Wir haben keinen Anlaß, sie alle bloßzulegen. Die Lust an der Aggression und Destruktion ist gewiß darunter; ungezählte Grausamkeiten der Geschichte und des Alltags bekräftigen ihre Existenz und ihre Stärke. Die Verquickung dieser destruktiven Strebungen mit anderen, erotischen und ideellen, erleichtert natürlich deren Befriedigung.« (21) Ferner kommt hinzu, daß der Todestrieb in jedem Lebewesen daran arbeitet, es zum Zerfall zu bringen, »das Leben zum Zustand der unbelebten Materie zurückzuführen«. Zum Destruktionstrieb wird dieser Todestrieb, indem er über die Muskulatur auf äußere Objekte abgeleitet wird. »Das Lebewesen bewahrt sozusagen sein eigenes Leben dadurch, daß es fremdes zerstört.« (22) Ein Anteil des Todestriebes verbleibt aber im Innern des Menschen und führt dort möglicherweise zu pathologischen Vorgängen. Auch die Entstehung des Gewissens wird von *Freud* durch eine abermalige Rückwendung der Aggression auf das eigene Ich erklärt. Wenn das in reichlichem Maße geschieht, wirkt es ungesund, während die Nach-außen-Wendung geradezu wohltuend wirken muß.
*Freud* erscheint es aussichtslos, die Aggression völlig abschaffen zu wollen. Sie darf es auch gar nicht ganz, weil ein

bestimmtes Quantum im Dienst der Lebenstriebe zur Lebensführung nötig ist. Die Aufgabe muß es sein, die Aggression so abzulenken, daß sie nicht in Kriegen Ausdruck finden muß.

Das Bemühen der ›Bolschewisten‹, die Bändigung der Aggression durch Abschaffung der Klassenunterschiede und Befriedigung aller materiellen Bedürfnisse zu erreichen und so Gleichheit unter allen Menschen zu verwirklichen, hält *Freud* für eine Illusion. Der Zusammenhalt im Inneren des Staates würde nur durch den Haß gegen alle Außenstehenden verbürgt (XVI 23; vgl. auch die Ausführungen über den Marxismus XV 191 ff. u. a.). Aber *Freud*, der seit den Diskussionen mit einem sozialistisch orientierten Jugendfreund eine gewisse Sympathie für sozialistische Ideen zeitlebens bewahrt hatte, äußert sich nicht immer nur negativ über die Pläne der Kommunisten. So schreibt er in ›Neue Folge der Vorlesungen zur Einführung in die Psychoanalyse‹: »Es gibt auch Männer der Tat, unerschütterlich in ihren Überzeugungen, unzugänglich dem Zweifel, unempfindlich für die Leiden Anderer, wenn sie ihren Absichten im Wege sind. Solchen Männern verdanken wir es, daß der großartige Versuch einer solchen Neuordnung jetzt in Rußland wirklich durchgeführt wird. In einer Zeit, da große Nationen verkünden, sie erwarten ihr Heil nur vom Festhalten an der christlichen Frömmigkeit, wirkt die Umwälzung in Rußland – trotz aller unerfreulichen Einzelzüge – doch wie die Botschaft einer besseren Zukunft. Leider ergibt sich weder aus unserem Zweifel noch aus dem fanatischen Glauben der Anderen ein Wink, wie der Versuch ausgehen wird. Die Zukunft wird es lehren, vielleicht wird sie zeigen, daß der Versuch vorzeitig unternommen wurde, daß eine durchgreifende Änderung der sozialen Ordnung wenig Aussicht auf Erfolg hat, solange nicht neue Entdeckungen unsere Beherrschung der Naturkräfte gesteigert und damit die Befriedigung unserer Bedürfnisse erleichtert haben. Erst dann mag es möglich werden, daß eine neue Gesellschaftsordnung nicht nur die materielle Not der Massen verbannt, sondern auch die kulturellen Ansprüche des Einzelnen erhört. Mit den Schwierigkeiten, welche die Unbändigkeit der menschlichen Natur jeder Art von sozialer Gemeinschaft bereitet, werden wir freilich auch dann noch unabsehbar lange zu ringen haben.« (XV 196 f.)

*Freud* setzt die Notwendigkeit der Aufklärung und Beherrschung der Triebstrukturen über und vor allen Dingen vor die Änderung der Gesellschaftsverhältnisse.

Zwei Gesichtspunkte seien noch besonders hervorgehoben, die er zur Bändigung der Aggression darlegt:

1. Die Ausschaltung falscher Autoritäten. Nach *Freud* neigt die Mehrzahl der Menschen dazu, sich freiwillig dem Diktat autoritär auftretender Führer zu unterwerfen. Der erste Schritt zur Besserung der Abhängigkeitsverhältnisse könnte sein, »eine Oberschicht selbständig denkender, der Einschüchterung unzugänglicher, nach Wahrheit ringender Menschen zu erziehen, denen die Lenkung der unselbständigen Massen zufallen würde.« (XVI 24) Das höchste Ideal ist ein Zusammenleben der Menschen ohne jede Elite, in dem jeder Einzelne sein Triebleben der »Diktatur der Vernunft« unterworfen hätte (ebd.). Wir würden heute lieber sagen: An die Stelle der Vernunft der Autorität soll die Autorität der Vernunft treten.

2. Aktivierung der libidinösen Kräfte: make love not war. Alles, was Gefühlsbindungen unter Menschen im Sinne einer neuen Sensibilisierung aktiviert, muß gefördert werden. Das könnten einmal Beziehungen wie zu Liebesobjekten sein: Liebe deinen Nächsten wie dich selbst, allerdings ohne sexuelle Ziele, zum andern solche der Identifizierung, d. h. Betonung aller Momente, die Gemeinsamkeiten herstellen. Wenn jeder auch nur einen Menschen lieben würde, wären alle Menschen geliebt. Statt des geduldigen nach oben Dienens und nach unten Tretens müßten Querverbindungen unter den Menschen entstehen, z. B. durch die Demokratisie-

rung der Institutionen, in denen dann alle über alle sie angehenden Fragen gemeinsam in zwangloser Diskussion befinden.

Auf diesem Gebiet habe die Kulturentwicklung bisher viel zu wünschen übriggelassen. Sie habe es in der Beherrschung der Naturkräfte so weit gebracht, daß die Menschheit sich mühelos selbst ausrotten könne. Sie habe es aber nicht vermocht, Formen dauernden friedlichen Zusammenlebens zu organisieren. Es komme nun darauf an, alle kritische Rationalität zusammenzunehmen, um mit den libidinösen Kräften eine menschenfreundliche Lebensordnung zu schaffen.

»Die Schicksalsfrage der Menschenart scheint mir zu sein, ob und in welchem Maße es ihrer Kulturentwicklung gelingen wird, der Störung des Zusammenlebens durch den menschlichen Aggressions- und Selbstvernichtungstrieb Herr zu werden. In diesem Bezug verdient vielleicht gerade die gegenwärtige Zeit ein besonderes Interesse. Die Menschen haben es jetzt in der Beherrschung der Naturkräfte so weit gebracht, daß sie es mit deren Hilfe leicht haben, einander bis auf den letzten Mann auszurotten. Sie wissen das, daher ein gut Stück ihrer gegenwärtigen Unruhe, ihres Unglücks, ihrer Angststimmung. Und nun ist zu erwarten, daß die andere der beiden ›himmlischen Mächte‹, der ewige Eros, eine Anstrengung machen wird, um sich im Kampf mit seinem ebenso unsterblichen Gegner zu behaupten. Aber wer kann den Erfolg und Ausgang voraussehen?« (XIV 506)

*Freud* hängt also an die Formulierung seiner utopischen Hoffnung mit dem abschließenden Fragesatz einen Trauerflor. Auch in seiner Abhandlung ›Warum Krieg?‹ ist er vom raschen Erfolg menschenfreundlicher Bemühungen nicht überzeugt:

»Ungern denkt man an Mühlen, die so langsam mahlen, daß man verhungern könnte, ehe man das Mehl bekommt.« (XVI 24)

Gerade die Metatheorie nach Einführung des Todestriebes bringt *Freud* dazu, Gesellschaft und Kultur thematisch mit zu behandeln, doch auch der Todestrieb ist es dann gerade, der ihn darin hindert, an sinnvolle gesellschaftliche Veränderung wirklich zu glauben. Es fehlt ihm zur richtigen Behandlung der gesellschaftlichen Aspekte vor allem alles, was Bestimmung von Gruppen ausmacht. Bei ihm werden die großen Gruppierungen immer eher wie Großindividuen beschrieben und auch so genannt.

*Freud* hat sicher mit seinem Todestrieb eine mehr als metatheoretisch notwendige Spekulation in sein spätes psychologisches System einbezogen. Die Schrift ›Jenseits des Lustprinzips‹ hat teilweise traumtänzerische Konfigurationen (W. *Loch*) für die wohl verschiedene Gründe gesucht werden müssen, persönliche, gesellschaftliche und philosophische. Trotzdem hat gerade die Todestriebtheorie bis heute für viele eine unabweisbare Faszination behalten, wohl vor allem, weil hier die negativen Seiten des Lebens direkt mit dem Weltzusammenhang in Verbindung gebracht werden und so das Böse letztlich aus einer ontischen Quelle kommt und der Tod als ständiger Begleiter des Lebens Ernst und Schwere in die Diskussion über die Aggression bringt, die wir bei den konstruierten Laborversuchen der Frustrationsforscher oft vermissen. Aber *Freud* hatte mit Ironie diese Theorie auch selbst als seine ›Mythologie‹ bezeichnet und darauf hingewiesen, daß es sich hier um hochgradig spekulative Konstruktionen handelte. Immer wieder weist er auf die vielen noch offenen Fragen hin, deren Beantwortung jetzt noch nicht möglich sei. Er schreibt: »Man muß geduldig sein und auf weitere Mittel und Anlässe zur Forschung warten. Auch bereit bleiben, einen Weg wieder zu verlassen, den man eine Weile verfolgt hat, wenn er zu nichts Gutem zu führen scheint.« (XIII 69)

*Empfohlene Lektüre:* Schriften von Freud; Fenichel 1935; Kubie 1958; Fromm 1959; Jones 1960; Bally 1961; Marcuse, H. 1965; Riesman 1965; Eysenck 1967; Brenner 1967; Habermas 1968; Ricoeur 1969; Waelder 1969; Wyss 1969; Nolte 1971; – Fodor, N. u. Gaynor, F. (1966): Freud. Dictionary of Psychoanalysis. New York; Laplanche 1974; Denker 1974 u. 1975; Schülein 1975.

## Reich – sekundärer Aggressionstrieb

Unter den Gegnern der Freudschen Todestriebtheorie ragt bis heute einer ihrer ersten entschiedenen Kritiker (1932) Wilhelm *Reich*, unüberboten heraus, der als der fähigste Schüler *Freuds* in konsequenter, bis heute nicht aufgearbeiteter Weise die Psychoanalyse weiterentwickelte und ihre gesellschaftlichen Konsequenzen herausstellte.

*Freud* selbst hat in bewundernswerter Ehrlichkeit immer das Vorläufige und Ungenügende seiner Triebtheorien betont und sie ja auch selbst bis zu direkten Umkehrungen der Bedingungszusammenhänge verändert. Darum ist jeder Dogmatismus auf diesem Gebiet unangebracht.

*Freud* hat auch offenbar *Reich* ermuntert, seine auf klinischem Material begründeten Zweifel an der Todestriebtheorie für weitere Forschung und Theorienbildung unbeirrt zu nutzen. (1969 b, 16)

*Reich* glaubt, *Freud* habe aus Angst vor den gesellschaftlichen Konsequenzen seiner Sexualtheorie den Todestrieb eingeführt, um politische Praxis als erfolglos und darum sinnlos darzustellen. Nach *Freud* kommt das Elend der Gesellschaft aus dem Inneren der Individuen, nach *Reich* hätte es aber auch für *Freud* als aus der Gesellschaft kommend, bzw. wenigstens mitbedingt, interpretiert werden müssen, wie es *Freud* auch in seinen frühen Schriften versuchte, besonders eindringlich in der kurzen Arbeit ›Die ‚kulturelle‘ Sexualmoral und die moderne Nervosität‹ (VII 143–167).

*Reich* selbst ging von 1927 an diesen Weg und befaßte sich intensiv mit *Marx* und *Engels*. (1969 b, 29)

»Und während *Freud* seine Todestriebtheorie entwickelte, die besagte, ›das Elend kommt von Innen‹, ging ich nach draußen, wo das Volk war . . . Ich hatte die gesellschaftlichen Konsequenzen aus der Libido-Theorie gezogen. Für *Freud* war das das Schlimmste, was ich tun konnte.« (ebd.) Ausdruck für die Verschleierung beim späten *Freud* ist für *Reich* besonders die Schrift ›Das Unbehagen in der Kultur‹. (1970, 249 f.)

Trotzdem hat *Freud* nach *Reich* mit dem im Todestrieb Gemeinten etwas Richtiges geahnt, nämlich die tödliche Bedrohung alles Organischen von außen. Falsch war, diesen Aspekt in die Triebtheorie zu bringen. Der Organismus strebt von sich aus nicht den Tod an. *Reich* sagt dazu in einem Interview: »Ich weiß heute, daß er im menschlichen Organismus etwas spürte, das tödlich war. Sein Denken arbeitete mit dem Begriff des Triebes. Und deshalb wählte er den Begriff ›Todestrieb‹. Das war falsch. ›Tod‹ war richtig. ›Trieb‹ war falsch. Denn der Organismus will den Tod nicht. Er ist etwas, das dem Organismus zustößt. Deshalb ist es kein ›Trieb‹. *Freud* hat hier sehr viel gesehen. Er hatte ein großartiges Gespür für diese Dinge. Großartig! Großartig! Er war ein sehr guter Theoretiker. Und man muß einem Mann, der ein so riesiges Gebiet wie das Unbewußte überblickte, Fehler zugestehen . . .« (1969 b, 62)

*Reich* leugnet den ursprünglich biologischen Charakter der Destruktivität. Sie ist ein künstliches Produkt der Kultur, eine strukturelle Bösartigkeit des menschlichen Tieres.

Ein Tier tötet ein anderes nicht aus Lust am Töten. Es kämpft, weil es Hunger hat oder sich in der Entfaltung seiner Lebensinteressen bedroht fühlt. Die Aggression steht ganz im Dienste des Lebens. Überhaupt hat sie zunächst gar nichts mit Sadismus und Destruktion zu tun. Jede Lebensäußerung ist als aktiv und zielgerichtet auch aggressiv.

Sie wird bewirkt durch die Tätigkeit der Muskulatur, durch das System der Bewegung. Es kann im Dienste jedes Triebes arbeiten. Nur in Zusammenschaltung mit ihm kann ein Trieb überhaupt befriedigt werden:

»Das Ziel der Aggression ist stets die Ermöglichung der Befriedigung eines lebenswichtigen Bedürfnisses. Die Aggression ist somit kein Trieb im eigentlichen Sinne, sondern das unerläßliche Mittel jeder Triebregung. Diese ist an sich aggressiv, weil die Spannung zur Befriedigung drängt.« (1969 a, 137)

Zur Destruktion wird die Aggression erst in einer gesteigerten Gefahrensituation und der ihr korrespondierenden Angst als Signal dieser womöglich tödlichen Bedrohung. Dann ist der Kampf (einschließlich Tötungswunsch) zur Abwehr der das eigene Leben bedrohenden Gefahr biologisch sinnvoll. Dieser Kampf erfolgt also nicht aus Lust am Töten, sondern im Dienste des Lebens, um Angst zu bewältigen und das Ich zu erhalten.

»Ich vernichte in der Gefahrsituation, weil ich leben und keine Angst haben will. Der Destruktionstrieb tritt im Dienste eines ursprünglich biologischen Lebenswillens auf. Er hat als solcher keine sexuelle Note an sich. Er will nicht Lust erzielen, wenn auch Befreiung von Unlust ein lustähnliches Erlebnis ist.« (ebd.)

Ist besonders durch Behinderung aus der Umwelt, der Gesellschaft, dem Lebewesen die arterhaltende Befriedigung der Sexualität versagt, steigert sich der Drang, sie mit allen Mitteln zu erreichen.

Die aggressive Komponente kann dann die libidinöse sogar überlagern und das Ich überwältigen, den Betroffenen kopflos machen. Wird das Lustziel völlig ausgeschaltet, oder aber mit Angst besetzt, wird die Aggression, die zuerst im Dienste der libido stand, selbst zur spannungslösenden Handlung. Sie wird als Lebensäußerung lustvoll. Daraus entsteht der Sadismus. Durch den Verlust des Liebeszieles entwickelt sich Haß. Der schwerste Haß entsteht besonders aus behinderter Liebe, der sich bis zur Vernichtungsabsicht mit sexueller Fär-

bung steigern kann, im Lustmord. Seine Vorbedingung ist die völlige Sperrung der Fähigkeit, auf natürliche Weise genitale Befriedigung zu erreichen.
Diese Art von Destruktivität kommt im Tierreich nicht vor. Sie ist eine späte Erwerbung des Menschen unter frustrierenden gesellschaftlichen Bedingungen.
Auch in der Koppelung mit anderen Trieben kann das motorische System bei Frustration und Behinderung sich in seiner Aggressivität steigern; bei der Stillung des Hungers und Durstes, aber auch bei Störungen der Kommunikation (besonders der verbalen), ja sogar bei Behinderung in der Sinnsuche fürs Leben (Vgl. V. E. *Frankl).* Behinderungen im Bereich der Aktivität selbst können ebenfalls zur aggressiven Steigerung führen.
Zusammenfassend läßt sich sagen:
»Jede Art von selbständig auftretender destruktiver Handlung ist die Reaktion des Organismus auf die Versagung einer lebenswichtigen Bedürfnisbefriedigung, vor allem der sexuellen.« (138)
Mit der Frage nach der Herkunft dieser Triebversagungen, die unmittelbar aus dieser theoretischen Konzeption folgt, werden die Grenzen der Psychoanalyse in Richtung Gesellschaftswissenschaft überschritten. Die Psychoanalyse kann nur mit diesen Wissenschaften zusammen die grundsätzlichen Fragen adäquat beantworten.

*Empfohlene Lektüre:* Schriften von Reich; Ruebsam 1970; Rycroft 1972; Dahmer 1972.

## Gegenwärtige Psychoanalyse – Mitscherlich

In vielen Lehrbüchern, die vor den Arbeiten von *Lorenz* und anderen Verhaltensforschern erschienen sind, wird nach der Darstellung der *Freud*schen Anschauungen und der Forschungen der *Yale-Gruppe* als Fazit erklärt, daß die Forschung über den Widerstreit zwischen aktiver und reaktiver Natur der Aggression bisher nicht hinausgekommen ist; z. B. Ch. *Bühler:* »Das Problem des Ursprungs der Aggressivität sowie ihrer eventuellen Entwicklungsphasen muß jedoch vorläufig noch als umstritten gelten.« (1962, 196)

Einen Vermittlungsversuch zwischen beiden Richtungen – gestützt auf Arbeiten von H. *Hartmann,* E. *Kris,* R. M. *Loewenstein* (1949, 9–36) und G. W. *Allport* (1954) – versucht A. *Mitscherlich* in seinem Aufsatz ›Aggression und Anpassung‹ (1956). Er betont die Bedeutung der Frustration als Auslöser von Aggression neben der triebhaften Tätigkeit als Aggression. Er weist auf die Notwendigkeit der genauen Unterscheidung der psychodynamischen Besonderheiten von inneren und äußeren Stimulierungen hin:

»Die von innen, letztlich von körperlichen Reizen stammenden Verhaltensabläufe wären als triebhafte, die von äußeren Reizen erweckte als ›affektive‹ zu verstehen.« Neuerdings hat Robert *Heiß* (1964 S. 258 ff.) sehr prägnant diesen Sachverhalt beschrieben: es sei nicht zu leugnen, »daß nicht nur ›Innenreize‹ körperlicher Art, sondern auch Außenreize einen triebhaften Vorgang anregen können. Alle Erfahrung lehrt, daß Lebewesen, die mit bestimmten Organen für die Aufnahme von Außenreizen versehen sind, auf diesem Weg in einen Zustand kommen, der seiner psychischen Dynamik nach triebhaft ist.« Und: »Im Felde psychologischer Betrachtung und Forschung stoßen wir allenthalben auf das Zusammenwirken triebhafter und affektiver Komponenten.« (1956, 187 f.) Er stellt heraus, wie in der modernen Gesellschaft »unerträgliche Frustrierungen und Einschüchterungen die Aggression (als immanente Destruktionstendenz) machtvoll angefacht« haben (ebd. 184) und bestimmt es als die Hauptaufgabe der zeitgenössischen Kulturanalyse, die »Rolle der tolerablen Frustrierungen in der menschlichen Gesellschaft zu erkennen« (185). Besonderer Aufmerksamkeit bedürfen dabei die Prägungserlebnisse der frühen Kindheit (ebd.; vgl. Auf dem Weg zur vaterlosen Gesellschaft 1970, 151 ff.; hingewiesen sei auch auf die Einzelfallstudie von *Berna* 1955).

*Mitscherlich* schließt sich mit gewissen Modifikationen *Freuds* Annahme der auf den Todestrieb zurückführenden Aggression an:

»*Freuds* Beobachtungen zwangen ihn zu dem Schluß, daß eine primäre Aggressivität anzunehmen sei. Er hat mit seiner Postulierung des Todestriebes viel Widerstand erweckt. Wir schließen uns *Freuds* Auffassung an.« (1970, 168) Er führt dort aus, daß über den Ursprung der Aggressivität viel diskutiert worden sei, ohne zu einem klaren Ergebnis zu kommen. Er verweist in diesem Zusammenhang auf seinen zweiten Aufsatz ›Aggression und Anpassung II‹ (1958). Dort heißt es:

»Wir neigen zur Auffassung, Aggression gehöre zum Wesen des Menschen wie die Organe, deren sie sich bedient – sie könne nur gemildert werden.« (528) In einer Fußnote dazu bezieht er sich auf Hans *Kunz* (1946) und führt dazu aus: »*Kunz* ist der Auffassung, daß es ›spontane Aggressivität und Destruktivität‹ wahrscheinlich nicht gibt, daß sie aber auch nicht, wie etwa W. *Reich* postuliert hatte, aus gehemmten Regungen ableitbar sei. ›Sie gehört als konstitutives Ingrediens zur ›affektiven Natur‹ des Menschen, wenngleich sie nur auf reaktive Weise zur Aktualisierung gelangt‹ (S. 72). Für unseren Gedankengang kann die schwierige triebtheoretische Frage nach einem primären Triebpaar (Eros – Destrudo) oder nach der reaktiven Herkunft der Aggressivität vernachlässigt werden. Sie ist unseres Erachtens kaum eindeutig zu beantworten. Jedenfalls haben wir es in der Aggressivität – wie ihre letzten bewegenden Kräfte geartet sein mögen – mit einem ›konstitutiven‹, also unvermeidbaren Element im menschlichen Verhalten zu tun.«

Er wendet die Aufmerksamkeit von der Ursprungsfrage ab und konkreteren Untersuchungen zu:

»Was wir also zu beantworten versuchen sollten, ist nicht die Frage, ob Aggression etwas Angeborenes sei, sondern wie sie aussieht, wenn der Mensch geboren wird, wenn er sich entwickelt; wie sie ihn durch die Stationen seines Lebensweges begleitet. Denn überall stoßen wir auf sie. Wir halten das, was der Aggression als motorisch belebende Energie zugrunde liegt, für eine nicht weiter auflösbare Grundkraft und nennen sie einen Trieb. Dabei vergewissern wir uns, daß ›Triebe‹ theoretische Begriffe sind – man sieht sie nicht, man muß sie denken.« Er verweist hier auf *Freud* (XV 101): »Die Trieblehre ist sozusagen unsere Mythologie. Die Triebe sind mythische Wesen, großartig in ihrer Unbestimmtheit. Wir können in unserer Arbeit keinen Augenblick von ihnen absehen und sind dabei nie sicher, sie scharf zu sehen.«

Zwei besonders bemerkenswerte und bisher noch nicht genau untersuchte Einzelheiten seien noch hervorgehoben, die *Mitscherlich* nebenbei andeutet.

1. Das Phänomen der Rückkoppelung (feed back):

»Die Lawinen der Brutalität scheinen immer von relativ einfachen Tatsachen ausgelöst . . . Aggressive Herausforderung – vielleicht eine, die nur als aggressiv erlebt wurde – und aggressive Antwort schwingen allmählich aufeinander ein und verstärken sich gegenseitig.« (526)

2. Die Aggression auslösende Funktion von handlichen Instrumenten und Waffen:

»Zum Ende wäre es gewiß sehr aufschlußreich . . . jene unter uns zu ermitteln, die sich durchaus einer flüchtigen Anwandlung grausamer Allmacht erinnern können, wenn sie ein Gewehr, einen Revolver oder nur ein neues Brotmesser in den Händen wendeten.« (527)

In seinem Vorwort zu ›Medizin ohne Menschlichkeit‹ (1962) legt *Mitscherlich* klar, daß der Aggressionstrieb und die ihm zugehörige Tötungslust zusammen mit anderen Trieben, Menschen, Mitmenschen unserer Gegenwart, zu Lieblosigkeit, Bosheit und Mordgier, zu den grausamsten Verbrechen in den

»Folter- und Schreckenskammern unserer Zeit« trieb. Kultur ist Ausdruck der Gegenkräfte gegen solche bestialische Asozialität unserer Triebe mit der Aufgabe, sie angstfreier zu ertragen und in soziales Verhalten zu verwandeln.

»Aber die sittlichen Normen sind ein Gebäude, das weiterhin auf vulkanischem Boden ruht. Es ist deshalb nicht genug, nur zu erschrecken über das, was geschehen konnte, sondern immer zugleich die Wahrheit in sich einzulassen, daß es von Menschen getan wurde, die nicht als Monstren zur Welt kamen, die vielmehr oft in ziemlich unauffälliger Weise mit geläufiger Begabung es zu Fachkenntnissen und begehrten Stellungen in unserer Gesellschaft brachten, ehe sie die erworbenen Fähigkeiten der Menschlichkeit narkotisch lähmten und in eine weltzerstörerische Trieblust zurücksanken.« (7)

Es wird an den vorgelegten Dokumenten deutlich, daß unsere Gesellschaft viele Menschen zum Kulturgehorsam zwingt, ohne daß diese Menschen ihrer eigenen Natur folgten (Freud X 335). Sobald diese Kultur in irgendeiner Form die Aggression in den Dienst nimmt und ins Erlaubte kanalisiert, findet sie Bereitwillige, die in Hilfstruppen als abgerichtete Befehlsempfänger und -ausführer den geplanten Alptraum »opferverschlingende Wirklichkeit« werden lassen (8). Es besteht also ein Zusammenhang zwischen der »Lähmung des Gewissens, dem unzweifelhaften Übergang in den Wahn und unserer ›Kulturgesellschaft‹« (ebd.). Der Grad des Mitmachens zeigt ein breites Spektrum »von der präformierten schwersten Abartigkeit der Perversion bis zur ›Duldung‹, jener gemilderten Form der Inhumanität, die durch zweierlei charakterisiert ist: einmal durch einen ängstlichen Egoismus der Selbsterhaltung und ängstlichen Überschätzung des Gewalthabers, zum anderen durch eine ans Artistische grenzende Fähigkeit der Selbstbeschwichtigung. Dies sind die verbreiteten Anzeigen jener Kulturfremdheit, von der *Freud* sprach und ist vielleicht die bestürzendste Kehrseite des in unserer Tradition so hochgeachteten Ideals der Persönlichkeit« (ebd.).

Besonders zu betonen gilt es dabei, daß auch die harmlosen Formen des Nichtwidersprechens und nur Mitlaufens Affirmationen des Unrechtssystems sind. Zur Bewältigung der Schuld und zur Einsicht in die Zusammenhänge, damit sich dergleichen nie wiederhole, gehört zur ganzen Wahrheit auch das Aufdecken dieser »harmlosen« Weisen des Mitmachens:
»Bewältigung der Schuld kann nichts anderes heißen, als der Wahrheit ins Auge zu sehen; Anerkennung dessen, was war, ohne Feilschen; Einsicht in die Anteilnahme, und sei sie nur das ›harmloseste‹ Mitlaufen, Mitdenken der Parolen, Mithoffen auf das Verheißene gewesen; Einsicht in die Anteilnahme gerade dort, wo sie sich ethisch gerechtfertigt erlebte: in Pflichttreue und Befehlsgehorsam, diesen großartigen Domestikationen unserer Aggressivität, die aber unmerklich in die Selbstentfremdung, in den kollektiv sanktionierten Genuß der ich- und kulturfremden Triebregungen übergehen, in paragraphierte Untatsmoral und automatisierten Tötungsdrill – Realparadoxien unseres Stils der Vergesellschaftung.« (ebd.)
Seit seiner Frankfurter Antrittsvorlesung ›Die Idee des Friedens und die menschliche Aggressivität‹ (1969 c, 105–137) hat sich *Mitscherlich* immer wieder mit Fragen der Aggressionsbewältigung befaßt. Da es aggressionsfreie Menschen in absehbarer Zukunft nicht geben werde und es jedem Menschen äußerst schwerfalle, auf die Auslebung von Agression zu verzichten, müsse man sich fragen, ob trotzdem ein Weltfrieden denkbar sei. *Mitscherlich* unterscheidet in seinen Ausführungen mit *Bloch* (1968, 85 ff.) zwischen Krieg und Kampf. Gegenüber dem Krieg, der immer destruktiv sei, weil er die Tötungshemmung ausschließe, sei der revolutionäre Kampf, weil an humaner Vernunft orientiert und die Tötungshemmung nicht ausschließend, progressiv. Da es in der modernen Gesellschaft viele Frustrationen gebe, aber zu wenig »Ventilsitten«, um die aus Frustrationen resultierende Aggression abzureagieren, sei es Politikern leicht, die Agressionsbereitschaft auf irgendwelche – möglicherweise erst er-

fundene – Gegner zu lenken. Eine so durch Propaganda betriebene Ausrichtung und Steigerung der Aggression schaffe Kollektive im höchsten Erregungszustand, der nicht beliebig wieder reduziert werden könne. *Mitscherlich* glaubt, daß eine Erziehung zur humanen Vernunft möglich ist, die Menschen befähigt, ihre Aggressivität nicht destruktiv zu äußern. Doch solche pädagogisch-therapeutischen Maßnahmen lassen sich nur verwirklichen bei einer gleichzeitigen Neuorientierung der Politik zu einer »Weltinnenpolitik« *(Weizsäcker)* im Dienste des Friedens.

In seiner Friedenspreisrede (1969 b) mit dem Thema ›Über Feindseligkeit und hergestellte Dummheit‹ stellt er den Zusammenhang zwischen anerzogener Dummheit und gesellschaftlich manipulierter Aggressivität besonders heraus, behauptet trotzdem aber entschiedener als früher, Aggressivität sei ein Artmerkmal und die Gesellschaft könne nur die Aufgabe haben, diese zu mildern (42). Die Hauptanstrengung wird dem Einzelnen zugemutet, er soll in Akten der Selbstbeherrschung, die an dem Respekt vor dem Mitmenschen orientiert ist, seine Triebwünsche zügeln und kanalisieren lernen. Ermittlungen zum Begriff der Toleranz (1974) gewinnen bei dieser Orientierung besonderes Gewicht.

*Empfohlene Lektüre:* Schriften von A. u. M. Mitscherlich; Krieger 1969; Plack 1969; Améry 1970; Nolte 1971; Horn 1972; Elhardt 1974.

## Tests, Experimente

Untersuchungen und Experimente über die Zusammenhänge zwischen Frustration, Aggression und Angst werden beschrieben und in übersichtlicher Form dargestellt in:

R. *Meili* und H. *Rohracher*, Lehrbuch der experimentellen Psychologie (1971³).

Tests und Experimente, besonders unter dem Aspekt der Unterscheidung von Aggressivität und Feindseligkeit, beschreibt in einem Bericht über den gegenwärtigen Stand der Aggressionsforschung H. *Selg*, Zur Diagnostik der Aggressivität und Feindseligkeit (1964). *Selg* stützt sich zur Differenzierung der Begriffe, besonders bei der Unterscheidung von Aggressivität und Feindseligkeit, auf die Definitionen von A. H. *Buss* (1961, 1 ff.), wonach zu unterscheiden sind:

»›aggression‹ – als ein Verhalten, bei dem einem anderen Organismus, einem Opfer, Schaden zugefügt wird; der Schmerz des Opfers oder eine durch die Aggression ermöglichte Eroberung gelten als ›Belohnung‹;

›anger‹ – (Ärger, Wut) als häufig, aber nicht unbedingt mit der Aggression einhergehende emotionale Reaktion von relativ kurzer Dauer und

›hostility‹ – (Feindseligkeit) als bei Aggressionen häufig, aber nicht unbedingt vorhandene Attitude, gekennzeichnet durch negative Gefühle und Geringschätzung von Personen und Ereignissen.

›aggressiveness‹ – (Aggressivität) schließlich wird definiert als Gewohnheitsbildung (habit), als Bereitschaft, in Form von Aggressionen zu reagieren.«

Die meisten anderen Autoren trennen nicht zwischen Aggression und Feindseligkeit. *Selg* schließt sich *Buss* mit folgender Begründung an:

»Einmal kann *Buss* den Unterschied faktorenanalytisch belegen, zum anderen ergibt sich auch bei phänomenologischer Analyse: ein feindselig Eingestellter wird nicht unbedingt im offenen Verhalten aggressiv, ein immer wieder Aggressiver ist nicht unbedingt feindselig eingestellt (seine Aggressionen können z. B. stets nur Mittel zum Zweck einer Zielerreichung sein).« (a.a.O. 54) Zur Ergänzung der Definitionen fordert er unter Beziehung auf *Dollard* eine stärkere Berücksichtigung des Phantasieverhaltens. *Selg* gliedert die diagnostischen Methoden in nachfolgender Weise:

1. Entfaltungstests

A Formdeuteverfahren *(Rorschach)*

B Thematische Verfahren

a Der TAT und TAT-nahe Verfahren

b Der Picture-Frustrations-Test von S. *Rosenzweig*, der zunächst besonders geeignet erschien, um die Aggressivität und die Feindseligkeit zu erfassen, weil er aus einem theoretischen System über Aggression hervorgegangen ist (S. *Rosenzweig*, An Outline of Frustration Theory in: Hunt (Hg.), Personality and the Behavior Disorders, New York 1944).

Der Test liegt in deutscher Bearbeitung vor: Form für Kinder von Erna *Duhm* und Jutta *Hansen*, Göttingen 1957. Form für Erwachsene von Hans *Hörmann* und Wolfgang *Moog*, Göttingen 1957. Er ist nach den Herausgebern besonders geeignet, die Frustrationstoleranz und neurotische Überempfindlichkeiten in Belastungssituationen zu erfassen und darum eine Diagnose der sozialen Reife und Anpassungsfähigkeit zu erlauben. Aber der Test hat sich, wie in mehreren Untersuchungen dokumentiert ist, in der speziellen Aggressivitätsdiagnostik nicht bewährt.

2. Subjektive Tests (Fragebogen, Attitude-Scales)

Es sei als Beispiel auf die Arbeit von F. *Merz*, Über die Erfassung aggressiver Einstellungen mit Hilfe von Fragebogen (in: Psychol. Beitr. 1960 V 402–415) hingewiesen. Die Fragen sind darin besonders auf die Beziehungen zu Vater, Mutter, gleich- und gegengeschlechtliche Partner ausgerichtet.

3. Soziometrische, soziometrienahe Verfahren und Ratings.

Ich verweise auf die Arbeit von R. *Mandel* (1959). Die Arbeit fußt auf Beobachtungen und Analyse des aggressiven Verhaltens einer Knabengruppe im Pubertätsalter.

4. Im experimentellen Stadium befindliche Verfahren

Aus der Aufzählung der vielen noch nicht abgeschlossenen Arbeiten – auch von *Selg* selber – möchte ich die Experimente zur Aggressionsmessung mit der von *Buss* entwickelten sogenannten Aggressionsmaschine hervorheben (1961, 47 ff.).

Ich zitiere die Beschreibung der Maschine nach *Selg:*

»Bei ihr glaubt die Vp A, selbst Vl in einem Lernexperiment

zu sein; sie glaubt, mittels verschieden starker elektrischer Schläge eine vermeintliche Vp B, die aber ein Komplize des Psychologen ist, für Fehler bestrafen zu können, die B in einem Nebenzimmer an einem Reaktionsgerät macht. Aber nicht diese ›Fehler‹, die nach strengem Programm ablaufen, werden registriert, sondern die Stärke der von A ausgeschickten elektrischen Schläge, die als solche (natürlich) nicht bei B ankommen. Die A(ggressivität) wird hier insofern gemessen, als meist stärkere elektrische Impulse von A zu B geschickt werden, obwohl der kleinstmögliche bereits zur Fehlersignalisierung ausreichen würde.«

Das Verfahren ist noch nicht genügend mit anderen verglichen worden. Es liegen aber einige wichtige Versuchsergebnisse vor. Darunter erregte besonders die Arbeit von St. *Milgram* (in: Wiesbrock 1967) großes Aufsehen. Nach *Selg* beschreibt sie »ein kühnes, ethische Bedenken vernachlässigendes Experiment, in dessen Verlauf ›normale‹ Vpn bereit waren, ihren Partnern instruktionsgemäß elektrische Schläge auszuteilen, die – wären die Stromschläge nicht fingiert gewesen – lebensgefährliche Stärken erreicht hätten.« (s. Schlußkapitel)

Trotz der großen Schwierigkeiten bei der sicheren Diagnostik der Aggressivität weisen nach *Selg* die Arbeiten der letzten Jahre relativ übereinstimmende Ergebnisse auf. Im Freiburger Institut ist auch ein Intertestverfahren geplant und begonnen worden, um die besten Verfahren zu ermitteln.

Zum Abschluß des Referates von *Selg* ist noch auf seine theoretischen Konsequenzen einzugehen. Sie lassen deutlich erkennen, daß hier trotz einer gewissen Sinnähe zu *Freud* doch auch bemerkenswerte Differenzierungen im Gegensatz zu gegenwärtigen Psychoanalytikern – z. B. *Mitscherlich* – bestehen, wenn *Selg* gegen das eindimensionale Interpretationsmodell vom späten *Freud* mit der dualen Unterscheidung von Lebens- und Todestrieben ein mehrdimensionales stellt.

». . . sind A(ggressivität). und/oder Feindseligkeit auf einer zweipoligen Achse zu denken, mit dem Gegenpol der Restriktion (*Lückert . . .*), des Need abasement *(Murray)* oder der Zärtlichkeit *(Kunz)*, Friedfertigkeit *(Heinrich)*? Wir möchten ergänzend fragen, ob nicht allgemein ethischen Prinzipien folgende Verhaltensweisen den Gegenpol bilden, womit wir dem Sinn nach z. T. in *Freuds* Nähe rücken (Eros: Thantos), ohne aber wie *Freud* zu meinen, mit dieser Dichotomie menschliche Motivationslagen hinreichend klassifiziert zu haben. (*Mitscherlich* betont – in Anlehnung an *Freud* –, daß die konkreten Handlungen stets eine Legierung von aggressiven und libidinösen Strebungen sind.) Wir möchten aber weiter fragen, ob es nicht besser wäre, statt eines eindimensionalen ein mehrdimensionales Modell zu wählen. *Buss* nimmt mit der Unterteilung »A(ggressivität).: Feindseligkeit dieses Modell vorweg . . .« (56).

Ein starker Gegensatz sowohl gegen die Trieblehre der Psychoanalyse als auch gegen die Instinktlehre der Verhaltensforschung besteht in der Betonung des vorwiegend reaktiven Charakters der Aggression. *Selg* deutet aber einen in künftigen Forschungen zu erhärtenden Vermittlungsversuch an, der in der Psychoanalyse auch schon vorbereitet ist – z. B. bei *Mitscherlich* –, wenn er schreibt, daß die monokausale Betrachtungsweise immer mehr verlassen wird.

»In der Frage der Motivation der Aggressionen gehen die Meinungen noch weit auseinander. Insgesamt wird jedoch heute mehr das Reaktive bzw. das Erlernen betont *(Berkowitz, Buss* usw.) gegenüber den früheren Trieb- oder Instinkttheorien (der späte *Freud, Hartmann* u. a. usw.). Nach *Mandels* Faktorenanalyse scheinen die Faktoren der Körpernähe und der Dominanz mehr spontan, der Faktor der Feindseligkeit mehr reaktiv zu wirken. Damit ist auch angedeutet, daß eine streng monokausale Betrachtungsweise immer mehr verlassen wird. Zum spontanen und reaktiven Verhalten i. e. S. kommen ja auch noch Aggressionen auf Befehl, Wunsch o. ä. hinzu, die bislang etwas übersehen wurden (s. aber *Buss, Milgram,* Selg).« (56) (Vgl. Denker 1968, 38–50 u. 1974, 90 ff.).

Erst mit der Erklärung der noch immer zwischen den verschiedenen Richtungen bestehenden Differenzen wird es möglich sein, den individuell bedingten vom gesellschaftlich verschuldeten Anteil der Aggressionen zu trennen und die Mechanismen klar zu erkennen, um sie und die verursachenden Verhältnisse wo nötig zu verändern.

*Selg* hat in seiner 1968 unter dem Titel ›Diagnostik der Aggressivität‹ erschienenen Habilitationsschrift die Aggressionsdefinitionen der wichtigsten Arbeiten zu diesem Thema kritisch erörtert und die bisher beschrittenen experimentellen Wege – auch eigene – zur Diagnostik der Aggressivität ausführlich dargestellt. Er betont aber, daß es bisher immer noch nicht so gesicherte Methoden gibt, welche die einmal gewonnenen Ergebnisse bei jeder Wiederholung bestätigen würden. W. *Belschner*, G. *Lischke* u. H. *Selg* veröffentlichten 1971 einen seit längerer Zeit in Entwicklung befindlichen Foto-Hand-Test (FHT) zur Erfassung der Aggressivität. (Freiburg u. München 1971) Es ist der erste Test der spezifisch für die Aggressionsmessung angelegt wurde.

Ausgehend von der Überlegung, daß die Hand ein besonders vielfältiges Medium in der Auseinandersetzung mit der Umwelt ist, als Werkzeug, Orientierungshilfe, Ausdrucks- und Kommunikationsmittel dient, werden in diesem projektiven Test der Versuchsperson 34 Fotos von Händen in verschiedener Haltung vorgelegt, um aus den Handlungstendenzen, welche die Versuchsperson den abgebildeten Händen zuordnet und die für sie als charakteristisch angenommen werden, auf das Hervor- bzw. Zurücktreten bestimmter Intentionen diagnostische und prognostische Folgerungen zu ziehen. Das Überwiegen aggressiver und das Zurücktreten sozialer Handlungstendenzen z. B. wird als offene, direkte und körperliche Aggression interpretiert.

*Empfohlene Lektüre:* Selg 1968 u. 1973 (dort weitere Lit.); Berkowitz 1969; Keil-Specht u. Denzer 1971; Bandura 1973; Milgram 1974.

## Lorenz – Aggressionstrieb-
## Theorie der Verhaltensforschung

Nach den bisherigen Ausführungen und besonders in Erinnerung an *Freuds* Äußerung, daß man auf weniger Widerstand stoßen würde, wenn man über die Aggression in der Tierwelt arbeitete und schriebe, erscheint es uns nicht verwunderlich, daß die Verhaltensforschung, die nach *Lorenz* kein Gebiet für großangelegte geisteswissenschaftliche Spekulationen sei, sondern ein stilles Feld der experimentellen Einzelforschung, gerade mit den Untersuchungen und Veröffentlichungen über die tierische Aggression derartige Aufmerksamkeit erregen konnte, daß das Buch von *Lorenz,* ›Das sogenannte Böse, Zur Naturgeschichte der Aggression‹ geradewegs ein ›bestseller‹ wurde. Einmal spielt sicher die anhaltende Diskussion über die Greueltaten des Dritten Reiches eine Rolle in dem Interesse so weiter Kreise! Man sucht Antwort auf die Frage, wie so etwas möglich war. Dennoch wird das Buch in der Weise, wie es bisher diskutiert wurde, nicht aufrütteln zu Aktionen gegen die Aggression bzw. ihre sinnvolle Lenkung. Vielen werden die Ausführungen eher eine Beruhigung sein, wie z. B. für jene langjährige Mitarbeiterin von *Gandhi,* wie *Lorenz* berichtet:

»Eine langjährige Mitarbeiterin Mahatma Gandhis hat mir erzählt, daß selbst dieser Heilige im Gefängnis gegen seine miteingesperrten Freunde außerordentlich reizbar wurde. Die Dame dankte mir herzlich dafür, daß ich ihr eine physiologische Erklärung für diese Schwäche ihres Meisters gegeben hatte.« (1965 a, 299)

Wer weiß, wieviele alte, in der Öffentlichkeit unbekannte Faschisten, die dieses Buch erwarben, sich damit ein ruhiges Gewissen angelesen haben. Da die Aggression als Naturanlage eine kausale Erklärung erfährt, wird nach Ansicht vieler Leser der Mensch weitgehend aus der Selbstverantwortung entlassen.

Viel trägt zur Wirkung gerade dieses Buches über die Aggression natürlich auch der leicht eingängliche, mit österreichisch-bayerischem Humor gewürzte Stil des Autors bei, der wohl auf die Leser so wirken mag, wie er sich selbst einschätzt, nämlich als einen allgütigen Liebhaber alles Lebendigen, der wie *Salomon* und *Franz von Assisi*, mit dem Vieh, den Vögeln und den Fischen redet (1952) und die Ergebnisse als »leidlich sprachbegabter Gelehrter« (1963, 326) mitteilt; als einen »gewiegten Stammesgeschichtler und guten Darwinisten« (328) und »überzeugten, hypothetischen Realisten« (336), der zwar »kein Geistesriese« (393) aber den Zeitgenossen um eine »Nasenlänge« voraus (393) im Gegensatz zu Faust ähnlich wie »altgriechische Weise« (394) sich »einbildet«, er könnte was lehren, die Menschen zu bessern und zu bekehren (393).

*Lorenz* betont immer wieder, daß er als Forscher im »unteren Stockwerk« nicht wissen könne, was die Forscher der »humanen Disziplinen« des »oberen Stockwerkes« davon verwendbar finden und für wichtig halten. Die Verhaltensforscher kämen dem Interesse dieser Disziplinen nur darin entgegen, daß sie ihre Wahl der Untersuchungsobjekte davon beeinflussen ließen, »was dem Manne im oberen Stockwerk nötig ist . . . Wieweit die von uns zutage geförderten Ergebnisse für die Leute im oberen Stockwerk der humanen Disziplinen verwendbar und wichtig sind, müssen diese selbst entscheiden.« (1965 a, 297)

Aber gerade *Lorenz* selbst hält sich nicht an diese, von ihm abgesteckten Grenzen, sondern greift ständig über sie hinaus ins Gebiet der von ihm sogenannten humanen Disziplinen, von denen er nach seinen eigenen Aussagen immer noch so viel versteht, wie die ihm bekannten, erfolgreichsten Chemiker von der Stoffwechselphysiologie:

»Wenn mir von humanpsychologischer Seite (so von *von Allesch*) in vernichtendem Tone vorgeworfen wird, daß ich ›keine Humanpsychologie kann‹, so stimme ich diesem Urteil gelassen zu. Ich ›kann‹ immer noch ebensoviel Humanpsychologie, wie die erfolgreichsten organischen Chemiker meiner Bekanntschaft Stoffwechselphysiologie ›können‹.« (1965 b, II 376) Es soll nun erörtert werden, in welcher Weise das, was *Lorenz* selbst für die humanen Disziplinen an Vorarbeit leistet, kritischem Nachdenken standhält und Anregung gibt.

## *Aggressionstrieb*

Es gilt zunächst einmal, das besondere des Aggressionstriebes näher zu kennzeichnen. Dabei ist genauso wie es *Lorenz* selbst tut, von der Deutung der Aggression auszugehen, wie sie *Freud* in seinen späten Schriften gegeben hat. *Freud* bleibt nach *Lorenz* zwar das Verdienst, erstmalig die Aggression in ihrer Eigenständigkeit erkannt zu haben (1963, 80), aber daß er sie zurückbezog auf einen, den Lebenstrieben gleichursprünglichen aber polar entgegenwirkenden Todestrieb, ist nach Ansicht der Verhaltensforscher nicht nur überflüssig, sondern sogar falsch (ebd., X). Der Aggressionstrieb ist ein Instinkt wie jeder andere auch und unter natürlichen Bedingungen ist er auch ebenso lebens- und arterhaltend wie diese. Nur beim Menschen, und das wird von *Lorenz* gleich anfangs betont, ist er durch die Lebensbedingungen und die Folgen des eigenen Schaffens des Menschen entartet und hat darum in seinen Fehlfunktionen nicht nur verderbliche, sondern vernichtende Folgen. Das aber trifft nicht nur für den Aggressionstrieb zu, sondern in gleicher Weise auch für jeden anderen Trieb. *Lorenz* meint, *Freud* selbst sei über die dualistische Auffassung von Lebens- und Todestrieb, von Eros und Thanatos, unglücklich gewesen und es ließe sich an vielen Stellen aus seinen Schriften nachweisen, daß er wenig Vertrauen zu seiner eigenen Hypothese gehabt habe, denn er sei eigentlich immer ein guter Monist gewesen (XI). Gerade das aber trifft nicht zu, wie aus der schon zitierten Stelle des Kapitels über Freud hervorging, in der er hervorhebt, der Todestrieb sei für ihn eine »unabweisbare Annahme« gewesen und es hätte sich nicht vermeiden lassen, daß bei der Theorienbildung eine Polarität und Dualität zwischen Lebens- und Todestrieb habe unvermittelt stehengelassen werden müssen.

*Lorenz* bemüht sich nicht zu erklären, aus welchen physiologischen Vorgängen schließlich Aggression entsteht, er stellt vielmehr die Frage »Was leistet der Aggressionstrieb?« und »In welcher Weise spielt er eine Rolle im Zusammenleben der Tiere?« Dabei ist gleich zu Anfang herauszustellen, daß die Untersuchungen über die Aggression eingeschränkt werden. Wie Aggression zwischen Tieren verschiedener Gattungen eine Rolle spielt, ist nicht in derselben Weise interessant, ja es ist sogar fraglich, ob dieses Verhalten überhaupt im gleichen Sinne als Aggression angesprochen werden kann. Das Wesen der Aggression ist nach *Lorenz* nur genau zu fassen, wenn sie sich gegen Artgenossen richtet.

*Lorenz* zeigt drei voneinander zu unterscheidende Leistungen des Aggressionstriebes für die Arterhaltung auf. Bei aller Verschiedenheit des konkreten Vollzuges bei einzelnen Tierarten haben sie diese drei arterhaltenden Leistungen gemeinsam:

Die erste Funktion betrifft die Auswahl der Stärksten zur Weiterzucht. Das trifft nicht nur für die Fälle zu, in denen das Männchen gleichzeitig der Familienverteidiger ist, wie z. B. bei Büffeln, Pavianen u. a. Bei ihnen gibt es Rivalenkämpfe, durch die das stärkste Männchen ausgewählt wird.

Im allgemeinen aber – und das ist eine der beiden wichtigeren Leistungen nach *Lorenz* – bewirkt die intraspezifische Aggression eine Abstoßung zwischen den Individuen einer Art und sorgt dafür, daß sie sich gleichmäßig über den zur Verfügung stehenden Lebensraum verteilen, und zwar durchaus so, daß auch der Schwächere ein eigenes, wenn auch kleineres Gebiet erhält.

Die dritte Funktion ist die Ausbildung einer Rangordnung, die der zusammenlebenden Gruppe eine feste Struktur verleiht. Das ist besonders bei den höheren Wirbeltieren von großem arterhaltenden Wert. Bei den meisten sozialen Tieren steht der soziale Rang zum Alter der Individuen in Beziehung, und zwar so, daß in vielen Fällen die ältesten sogar dann noch die führende Stellung einnehmen, wenn sie körperlich gar nicht mehr die stärksten sind. Es gibt Sozietäten, in denen die Weisesten und nicht die Stärksten herrschen, z. B. bei den Pavianen. Bei ihnen wird die Herrschaft der Weisen folgendermaßen geregelt, wie kürzlich durch die amerikanischen Forscher *Washburn* und *DeVore* nachgewiesen wurde: Die ältesten Männchen bilden bei ihnen einen Senat. Die Horde wird nicht von einem einzelnen Tier angeführt, sondern von mehreren sehr alten Männchen, von denen jedes einzelne schwächer ist als die kräftigsten männlichen Paviane, die aber fest zusammenhalten und gemeinsam die Gruppe regieren.

Auch in Lernprozessen spielt die Rangordnung eine Rolle. Es besteht in der Sozietät bei jedem Einzelnen die Neigung, sich von einem Rangniederen nichts sagen zu lassen. Brachte man z. B. einem rangniederen Schimpansen die Bedienung eines Bananen spendenden Apparates bei, raubten ihm die ranghöheren die Bananen, versuchten aber nicht, von ihm die Bedienung des Apparates zu erlernen. Erst als die Forscher dem ranghöchsten Affen einer Gruppe die Bedienung des Apparates beibrachten, zeigten sich alle anderen sofort bereit, von ihm zu lernen.

In diesen »natürlichen« Vollzügen in der nichtmenschlichen Natur ist also die Aggression durchaus nicht das Prinzip des Bösen, sondern sie hat in ihrer arterhaltenden Funktion in allen drei Weisen ihrer Wirkung einen vernünftigen Sinn. Die Störungen, die dann beim Menschen auftreten, haben andere, nämlich menschlichere Gründe, wie später auszuführen sein wird. Besonders wichtig ist nun, daß der Aggressionstrieb, wie andere Triebe auch, kein rein reaktives Vermögen ist. Der Organismus wartet nicht wie eine nicht gebrauchte Maschine darauf, daß auf einen Auslöseknopf gedrückt wird, sondern er meldet sich von selbst und drängt spontan in die Situation, in der der Trieb ausgelöst werden kann.

Diese unbewußte Suche nach günstiger Gelegenheit, die sich zuerst in einer Unruhe des Lebewesens ankündigt, wird als Appentenzverhalten bezeichnet.

Ferner ist dabei wichtig, daß das Triebreservoir auch bei Nichtaffizierung von außen sich mit der Zeit auflädt wie eine Batterie, und wenn keine Auslösesituation zustande kommt, der Schwellenwert der auslösenden Reize sich ständig erniedrigt, so daß schließlich ein kleiner Anlaß genügt, um ihn auszulösen. Die Schwellenwerterniedrigung der auslösenden Reize kann in Sonderfällen bis gegen den Grenzwert Null gehen, so daß dann die Instinktbewegung ohne nachweisbaren äußeren Reiz losgehen kann.

Denn zwischen den unbestimmten Drang des Triebes sich zu entladen und den wirklich möglichen Vollzug ist eine Art Ausklinkvorrichtung eingefügt, die Auslöser. Diese Auslöser sind in den meisten Fällen von sehr einfacher Art, so wird z. B. der Rivalenkampf der Rotkehlchen im Frühjahr allein durch die roten Brustfedern eines ins Revier eingedrungenen Männchens ausgelöst.

»Es ist eine allgemeine Gesetzlichkeit des Verhaltens von Tier und Mensch, daß Verhaltensmuster, die lange Zeit nicht gebraucht werden, einen Trieb erzeugen, der sich in zweifacher Weise auswirkt. Die spezifisch auslösenden Reizsituationen werden mit längerer Ruhe dieses Verhaltens immer stärker wirksam, mit anderen Worten, der Schwellenwert auslösender Reize erniedrigt sich. Gleichzeitig gerät der Organismus in Unruhe und beginnt, aktiv nach der adäquaten Reizsituation zu suchen. Instinktives Verhalten ist also nicht rein reaktiv, es wartet nicht wie eine ungebrauchte Maschine darauf, daß auf den Auslöseknopf gedrückt wird, sondern es meldet sich selbst zu Wort und drängt zum spontanen Hervorbrechen. Eben dies nennt man einen Trieb.« (1965 a, 298)

Zu den aggressionssteigernden und möglicherweise auslösenden Momenten gehören z. B. Enttäuschung und Blockierung eines Strebens, die sogenannten Frustrationen. Doch sie sind nicht alleinige Quelle, wie Versuche im großen Stil in Amerika bewiesen haben, in denen man versuchte, durch Vermeidung jeder Frustration schon beim Kleinkind unaggressive Menschen heranzubilden. Das Ergebnis war erschreckend. Es führte nur zu einer allgemeinen Schwellenerniedrigung der auslösenden Reize. Diese non-frustration-children waren wohl die bisher aggressivsten Menschen, die man sich vorstellen kann. Auch beim Menschen ist also die Aggression nicht rein reaktiv. *Lorenz* schreibt:

»Denken Sie an das Phänomen der sogenannten dicken Luft in einem Institut oder sonstigen Betrieb. Jeder von uns hat einmal an einem Vorgesetzten die langsame Schwellenerniedrigung der Aggression beobachtet, die schließlich bei irgendeinem minimalen Anlaß überschwellig wird und hervorbricht. Wer jemals in Kriegsgefangenschaft oder auf einer Expedition mit guten Freunden zusammen von fremden Menschen isoliert gelebt hat, kennt die als Polarkrankheit oder Expeditionskoller bezeichnete Erscheinung. Da man keinen normalen Anlaß für aggressives Verhalten hat, wird man reizbar gegen den besten Freund und reagiert auf zufällige kleine Eigenheiten, darauf, wie einer sich schneuzt oder räuspert, genauso, als ob diese harmlosen Äußerungen schwerste Beleidigungen wären.« (298 f.) Selbst *Gandhi,* wie wir schon zitierten, wurde im Gefängnis äußerst reizbar gegen seine mitgefangenen Freunde.

Zu einer solchen Erniedrigung des Schwellenwertes führt möglicherweise auch der Schmerz, wie neuere Untersuchungen von Roger *Ulrich* von der Western Michigan University in Rattenversuchen feststellte. Zwei Ratten, die er zusammen in einen Käfig gesperrt hatte, vertrugen sich sehr gut miteinander. Versetzte er aber einer der beiden einen Elektroschock am Fuß, fiel die so gereizte Ratte sofort über den Kumpanen her, wohl vermutend, daß er die Ursache des Schmerzes sei. Der Sinn dieser Reaktion liegt darin, daß ein schmerzempfindendes attackiertes Tier besonders intensiv zum Gegenangriff aufgereizt werden soll. Da Schmerz offenbar aber immer als von einem konkreten Gegner bewirkt verstanden wird, kann es zu dieser Verwirrung des Verhaltens kommen, die noch dadurch gesteigert wird, daß die Lebewesen auf sehr engem Raum zusammenleben.

Ein weiterer, bisher nicht betonter Aspekt wird zu berücksichtigen sein, nämlich daß nach Entspannung des Aggressionstriebes eine Erinnerung an den Gegner bleibt, die wieder belebt werden kann, wenn in einer späteren Situation das Lebewesen angegriffen wird. Spontan wird, besonders bei erhaltenen Lebensbedingungen, der ehemalige Gegner verdächtigt und die gegenwärtige Situation durch die Erinnerung an die vergangene angeheizt: »Der hat vor einiger Zeit schon einmal dergleichen gemacht.« Das gegenseitige Verzeihen hindert nicht daran. Der Sinn dieser Reaktion wird wohl sein, wenn der Gegner überlegen war, ihn zu meiden oder sich nicht in falscher Sicherheit zu wiegen. Darum verwundert es uns nicht, daß gerade verhaltensunsichere Menschen in dieser Weise nachtragend und mißtrauisch sind.

Über das Zusammenspiel verschiedener Triebe sei hier nur soviel gesagt: Der Aggressionstrieb, wie jeder andere auch, tritt sehr häufig mit anderen Trieben gemischt auf oder wetteifert mit ihnen um die Vorherrschaft. So ist bei allen Begattungsvorgängen von einer Mischung libidinöser und aggressiver Momente zu sprechen.

Dabei gibt es merkwürdige Konfliktsituationen, in denen das Tier sich z. B. zwischen Flucht und Kampf nicht entscheiden kann. Das kann dazu führen, daß es spontan Zuflucht bei einem dritten Trieb sucht. Die Verhaltensforscher sprechen von Übersprunghandlung. Beispiel: Zwei Hähne flattern wütend umeinander, halshackend und mit den Krallen schlagend. Doch plötzlich bricht einer der beiden Hähne den Kampf ab, beugt den Kopf zu Boden und beginnt, als sei eitel Friede, nach imaginären Körnern zu picken. Die Verhaltensforscher deuten dieses Phänomen so: Im Verlaufe des Kampfes war bei einem der Hähne der Moment gekommen, in dem Aggressions- und Fluchttrieb gleich stark wurden, und in dieser Situation wurde ein dritter, hier der Freßinstinkt, mobilisiert. Aggressions- und Fluchtinstinkt sprangen ins Futterpicken über.

## *Gruppenbildung bei Tieren*

Überblickt man die Reihe der höheren Wirbeltiere und sucht nach einer Beziehung zwischen Aggression und libidinösem Verhalten, so stellt man fest, daß es zu einem wirklichen Zusammenhalten in einer Gruppe nur bei aggressiven Tieren kommt: Keine Liebe ohne Aggression (1963, 327 f.).
Bei friedlichen, nicht bewaffneten Tieren kommt es zwar zur Gruppenbildung, aber solche Herdenverbände sind völlig anonym, jedes Individuum gilt dem anderen gleich viel, so läßt sich z. B. bei Staren nachweisen, daß sich die Einzeltiere untereinander nicht persönlich kennen. *Lorenz* sieht darin die unterste Möglichkeit und darum wohl ursprünglichste Form des Zusammenlebens überhaupt (224). Wegen der Anonymität nennt er derartige Gruppierung »Schar« (vgl. Kapitel VIII). Sie wird folgendermaßen definiert: »Der Begriff der Schar ist dadurch bestimmt, daß die Individuen einer Art aufeinander mit Zuwendung reagieren, also durch Verhaltensweisen zusammengehalten werden, die ein oder mehrere Einzelwesen bei anderen auslösen. Deshalb ist es für Scharbildung kennzeichnend, wenn viele Einzelwesen in dichtem Verbande in gleicher Richtung wandern.« (211) Innerhalb des

Schwarmes einer Schar gibt es keine Struktur, keine Führer und darum auch keine Geführten, nur eine Ansammlung gleicher Elemente. Trotzdem beeinflussen sie einander und haben gewisse Möglichkeiten der Verständigung zwischen den Individuen, z. B. in Gefahrensituationen (219). Von der Schar ausgehend beschreibt *Lorenz* in aufsteigender Reihe komplizierter werdende Gruppenbildungen.

Zum zweiten Typ (vgl. Kapitel IX) gehören die nur auf der örtlichen Struktur aufgebauten Familien-Gesellschaftsformen der Nachtreiher und anderer in Kolonien brütender Vögel. Dabei gibt es als höchste Form Nachbarschaftsverhältnisse des gegenseitigen Kennens, Nichtangriffspakte benachbarter Familien.

Beim nächsthöheren Typ lassen sich schon viele Momente beobachten, die auch im menschlichen Zusammenleben von Bedeutung sind. Zu ihm gehören z. B. die Großfamilien der Ratten, deren Mitglieder einander nicht persönlich, sondern nur am Sippengeruch erkennen. Sie verhalten sich mustergültig untereinander, sind aber wahre Bestien gegen jeden Artgenossen, der zu einer anderen Sippe gehört (Kapitel X).

»In ihrem Verhalten gegen die Mitglieder der eigenen Gemeinschaft sind die ... Tiere wahre Vorbilder in allen sozialen Tugenden. Aber sie verwandeln sich in wahre Bestien, sowie sie es mit Angehörigen einer anderen als der eigenen Sozietät zu tun haben. Die Gemeinschaften dieses Typus sind stets zu reich an Einzeltieren, als daß sich diese alle untereinander individuell kennen könnten, die Zugehörigkeit zu einer bestimmten Sozietät ist immer an einem bestimmten, allen Mitgliedern eigenen Geruch erkenntlich.« (243)

Zum vierten Typ (vgl. Kapitel XI) gehören nun alle Gruppenbeziehungen, die durch persönliches Kennen gefestigt sind. In ihnen gibt es persönliche Bindungen, die Lorenz als »Band« bezeichnet. Eine derartige Gruppe ist genauso wie die »Schar« dadurch definiert, daß sie durch Reaktionen zusammengehalten wird, die ein Mitglied bei anderen auslöst, daß sie aber im Gegensatz zu jener unpersönlichen Vergesellschaftung streng an die Individualitäten der einzelnen Gruppenmitglieder gebunden sind (257). Diese Gruppenbildungen sind ortsunabhängig, und das Wiedererkennen des Partners in allen nur denkbaren Lebenslagen ist Voraussetzung der Gruppenbildung (258).

### *Ritualisierung, Tötungshemmung*

Diese Art der Gruppenbildung ist nur bei solchen Lebewesen entstanden, bei denen die Aggression gegen die Artgenossen eine wesentliche, arterhaltende Rolle spielt, gleichzeitig aber der Kampf zwischen ganz bestimmten, wie z. B. den Partnern eines gemeinsamen brutpflegenden Paares oder den Mitgliedern eines gemeinschaftlich jagenden Rudels verhindert werden muß. Das ist nun nicht durch Abschaltung der Aggression in solchen besonderen Fällen erreicht worden, sondern durch bestimmte Verhaltensfiguren, die die Aggression in unschädliche Bahnen lenken. Der Trieb wird hier sozusagen überlistet und von seinem ursprünglichen Ziel abgeleitet. Solche Verhaltensvorgänge gibt es schon bei gewissen barschartigen Fischen, den Buntbarschen, den im Gelehrtenjargon wegen ihrer bunten Zeichnung sogenannten Picasso-Fischen. Schon bei ihnen sind die Aggression ableitende Figuren zu beobachten, die nach Julian *Huxley* als »Ritualisation« oder anders auch als Zeremonialisation angesprochen werden.
Die beiden Partner des Paares lösen jeder beim anderen zunächst Aggression aus. Jedesmal, wenn sie sich begegnen, spreizen sie die Flossen und zeigen einander die Breitseite mit der gleichen Gebärde, mit der sie feindliche Artgenossen bedrohen. Anstatt dann aber den Partner wirklich anzugreifen, schwimmt der Fisch immer noch drohend an diesem vorbei und greift einen anderen Artgenossen, meist einen feindlichen Reviernachbarn, an. Dieses Verhalten ist wohl ursprünglich

so zustande gekommen, daß gewisse aggressionshemmende, vom Geschlechtspartner ausgehende Reize den Angriff hemmen, der nun ein anderes Ventil sucht und sich gegen ein Ersatzobjekt richtet. Das bezeichnen die Verhaltensforscher als eine neuorientierte bzw. umfunktionierte Bewegung. Im Laufe der Stammesgeschichte hat sich dieses Verhalten zu einer festen Figur entwickelt, zu einer »gefestigten Zeremonie«, die dem Charakter nach einem Symbol vergleichbar ist. Das Androhen des Partners im Vorüberschwimmen heißt dann in menschliche Worte gefaßt: »Ich bin wütend, aber nicht gegen dich, sondern gegen jenen anderen.« (1965 a, 302)

Derartige Befriedigungsgebärden, die durch neuorientierte Ritualisierung aus Aggressionsbewegungen entstehen, gibt es bei den verschiedensten Wirbeltieren. Eine besonders eindrucksvolle Ausbildung zeigen sie bei vielen Enten und Gänsen, einem Lieblingsforschungsobjekt von *Lorenz*. – Besonders das Graugansverhalten ist ihm immer wieder Analogon und grob vereinfachendes Modell menschlichen Verhaltens (1963, 318). – Er schreibt darüber:

»Die aus verschiedenen, ursprünglich unabhängig variablen Komponenten (Aggression gegen Partner; Hemmung, diesen zu beißen; Angriff gegen einen außenstehenden Artgenossen) zusammengesetzte Bewegungsfolge wird zu einer einzigen Koordination zusammengeschweißt. Diese nunmehr in sich völlig starre Zeremonie wird in dem Sinne autonom, daß sie alle Eigenschaften einer Instinktbewegung annimmt. Sie hat ihre eigene Spontaneität, ihren eigenen Trieb. Dieser Bindungstrieb beherrscht nun die Struktur von Familie und Sozietät der Gänse.

Die Bewegungsweise des Vorüberdrohens kann nur durch ganz bestimmte, ›befreundete‹ Individuen ausgelöst werden, der Drang, diese Situation aufzusuchen, ist so stark, daß eine Gans, die ihren Partner verliert, völlig von dem Streben beherrscht wird, ihn wiederzufinden. Es wäre falsch, zu sagen, daß die Zeremonie des Vorüberdrohens, das sogenannte

Schnattern, ein Ausdruck der Bindung sei. Sie konstituiert ja diese Bindung. Der Bindungstrieb dieser Vögel ist so groß, daß er zum stärksten aller ihr Handeln beherrschenden Motive geworden ist. Er vermag alle ›tierischen‹ Triebe wie Hunger, Sexualität und Furcht, zu überwinden, und er bestimmt die Gesellschaftsordnung in ihrer artbezeichnenden Form.« (1965 a, 302)

Aber nicht nur in Beziehung auf den Geschlechtspartner sind diese Hemmungen des Aggressionstriebes zu beobachten, sondern auch bei Revier- und Rivalenkämpfen. Mit gewissen Ausnahmen bei Tieren, die wie z. B. der Hecht eine derart große Nachkommenzahl haben, daß sie Artgenossen ohne Schaden für ihre Art als Nahrung verzehren können. Auch bei wenig bewaffneten Tieren, die gut zur Flucht befähigt sind und sich darum schnell einem Angriff entziehen können, gibt es kaum Aggressionshemmungen und Rituale, z. B. bei Tauben, Hasen und Rehen. Besonders in Gefangenschaft, d. h. wenn Flucht unmöglich ist, sind bei ihnen Kämpfe mit tödlichem Ausgang nicht selten (vgl. 1952, 197 ff.).

Um aber das Zusammenleben von stark bewaffneten, hochaggressiven Tieren überhaupt zu ermöglichen, bildeten sich bei diesen im Laufe der Evolution instinktgleich wirkende Aggressions- bzw. Tötungshemmungen aus, die fast mit absoluter Sicherheit das Töten eines artgleichen Gegners verhindern. Die gegenseitige Bindung derartiger wehrhafter Tiere ist dabei desto fester, je aggressiver die Tiere sind. Wirkliche Liebe und Freundschaft gibt es darum nur bei den aggressivsten Tieren: Keine Liebe ohne Aggression (1963, 327 f.).

Bei allen diesen hemmenden Verhaltensweisen liegt das folgende Schema zugrunde:

Der Aggressionstrieb bleibt in unverminderter Stärke wirksam, aber das Kampfverhalten wird durch Regler-Systeme zum Kampfspiel ritualisiert und dadurch entschärft. Solche Kampfspiele bezeichnen die Verhaltensforscher als Kommentkämpfe. Drohgebärden mit Imponiergehabe eröffnen den Kampf. Der radschlagende Pfau, der das Kinn vorreckende und die Arme anwinkelnde Schimpanse und der wütend knurrende Wolf geben eine Art Kriegserklärung ab, deren Sinn darin bestehen mag, dem Gegner durch Einschüchterung eine Fluchtchance zu geben. Genaue Spielregeln verhindern während des Kampfes, daß der Gegner tödlich verletzt wird; z. B. kämpfen Hirsche nur Geweih gegen Geweih, Buntbarsche packen einander nur an den durch eine Lederhaut geschützten Kiefern.

Eine Unterwerfungsgebärde – Demutsgebärde – beendet den Kampf, ehe er tödlich gefährlich werden konnte. Sobald einer der Kämpfenden sich wirklich als unterlegen erkennt, zeigt er dem Gegner in einer symbolischen Gebärde seiner Unterwerfung die verwundbarste Stelle. Hunde und Wölfe bieten die Kehlpartie ihres Halses, unterlegene Raben und andere Vögel ihren Hinterkopf dar. Aber im gleichen Augenblick muß der Überlegene den Kampf abbrechen. Eine arteigene Hemmung macht es ihm unmöglich, den Todesbiß auszuführen.

Alle diese Hemmungsvorgänge beeinträchtigen durchaus nicht die Ausleseprozesse. Der Stärkere setzt sich durch, aber – und das ist der Sinn dieser Verhaltensweisen – der Schwächere überlebt. Darum neigt *Lorenz* dazu, dieses Verhalten als moralanaloges zu bezeichnen, obwohl es natürlich richtiger wäre, ähnliche, in allen Moralsystemen noch durchscheinenden Verhaltensmuster als instinktanaloge zu bezeichnen.

## *Zusammenleben der Menschen*

Soweit reichen die Ergebnisse der Verhaltensforschung – die elf Kapitel Fakten, wie *Lorenz* sagt, (1963, 333 u. 335) der Schrift ›Das sogenannte Böse‹ – in bezug auf die Tiere, und nur für diesen Bereich gelten die dort entwickelten Methoden induktiver Forschung. Dort hat die Tierverhaltensforschung ihr unermeßliches Arbeitsfeld. Sie ist aber nicht nur nicht verpflichtet, sondern auch gar nicht imstande, von da aus übergreifen in die Bereiche der Humanpsychologie und -soziologie. Das wäre nach *Lorenz* ein illegitimer Übergriff (1965 b, II 252). *Lorenz* glaubt aber, daß die im Tierreich erkannten Verhaltensweisen Grundbestimmungen von Lebewesen überhaupt ausmachen und darum – in welchen Schattierungen auch immer – auch die Menschenwelt durchziehen. Auf solche vermuteten funktionalen Analogien, die möglicherweise physiologisch gesehen nicht dasselbe sind (1965 a, 297), will *Lorenz* die Forscher der spezielleren, den Menschen betreffenden Wissenschaften hinweisen, ihnen sozusagen Aufgaben stellen. Diese Wissenschaften würden einen antiaufklärerischen Wissensverzicht begehen, wenn sie sich den basalen Erkenntnissen der Tierverhaltensforscher verschließen wollten. *Lorenz* schreibt darüber in seinem Aufsatz ›Psychologie und Stammesgeschichte‹ (1954):

»Ein solcher illegitimer Übergriff liegt indessen *nicht* vor, wenn wir auf gewisse Gesetzlichkeiten des menschlichen Verhaltens aufmerksam machen, die von unserer eigenen, vergleichend-phylogenetischen Induktionsbasis aus, *und nur von dieser,* überhaupt bemerkt werden können. Wenn z. B. die vergleichende Verhaltensforschung den Nachweis erbringt, daß endogen-automatische Reizerzeugungsvorgänge und angeborene Auslösemechanismen sowie vor allem deren domestikationsbedingte Funktionsstörungen auch im Verhalten des Menschen eine Rolle spielen, so liegt die Verpflichtung, sich um diese Ergebnisse zu bekümmern, ausschließlich bei der *spezielleren* Wissenschaft. Die vergleichende Verhaltensforschung selbst kann nur die Aussage machen, *daß* diese Dinge zweifellos auch das menschliche Verhalten beeinflussen; in welcher Weise dies aber geschieht, kann sie schon deshalb nicht sagen, weil sie die vielen anderen, spezielleren Sondergesetzlichkeiten, die in Psychologie und Soziologie des Menschen obwalten, aus eigener Induktion nicht kennt. Die speziellere Wissenschaft aber begeht den schlimmsten Verstoß gegen die Gesetze der induktiven Forschung, wenn sie diese Dinge unberücksichtigt läßt, nämlich einen *Wissenverzicht!«* (1965 b, II 252 f.)

*Lorenz* sieht die Zeit kommen, in der sich menschliche Psychologie und Tiefenpsychologie auf die in der Tierpsychologie bzw. -physiologie gewonnenen Erkenntnisse gründen, so daß sich alle diese Wissenschaften zu einer großen induktiv vorgehenden »Basalwissenschaft« zusammenschließen, die dann die Grundlage bilden würde, so daß schließlich auch die Soziologie sich daran anschließen und so endlich zur induktiven Naturwissenschaft werden könnte (II 253). Nur eine derart fundierte Soziologie werde in der Lage sein, die Probleme des menschlichen Zusammenlebens, die unsere Gegenwart bestimmen, zu lösen: »Einer induktiv naturwissenschaftlichen Soziologie des Menschen aber bedürfen wir heute dringender als jeder anderen Wissenschaft, denn die drängendsten Probleme der Menschheit sind *soziale* Probleme, und zwar solche, *die nicht durch geisteswissenschaftliche Spekulation, sondern ausschließlich durch geduldige induktive Forschungsarbeit gelöst werden können.«* (II 254) Hier klingt das ganze Pathos der heutigen empirischen Forschung auf, die auf ihre »Fakten« pochend, alle Theorie zur Heilslehre erniedrigen möchte, andererseits ihrer aber dringend bedarf, um die Ergebnisse der eigenen Forschungsarbeit wirklich zu verstehen, was nur gelingt, wenn sie das Erkannte in größere Sinnzusammenhänge einbeziehen kann.

*Lorenz* bezieht sich bei seinen legitimen Übergriffen in die Bereiche menschlichen Lebens immer wieder auf die ethischen Schriften *Kants.* Er geht dabei, wohl unwissentlich, so vor, daß er einen falsch ausgelegten *Kant* kritisiert, um dagegen seine eigene Position aufzubauen, die mit der eines richtig verstandenen *Kant* vergleichbar ist.

Zur Beschreibung und Kennzeichnung der gegenwärtigen

Situation menschlichen Zusammenlebens geht *Lorenz* von einem instinktgeregelten Paradieszustand (1963, 358) aus, in dem unsere tierischen Vorfahren in Urhorden von 10–15 Personen (371) innig verschworen zusammenlebten, bereit, einander gegen jeden nicht zur Gruppe gehörigen anderen und darum als Feind geltenden Fremden bis in den Tod zu verteidigen.

»Unser Urahne war vor seiner eigentlichen ›Menschwerdung‹ zu allermindest ebenso ›gut‹ wie ein Wolf oder Schimpanse, der Kindern und Weibchen nichts tut und gegen einen äußeren Feind, selbst den eifersüchtig bekämpften männlichen Sozietätsgenossen, ohne Zögern unter Einsetzung seines Lebens verteidigt. Ich möchte das Bibelwort paraphrasieren und sagen: Der Mensch ist nicht böse von Jugend auf, aber knapp gut genug für die Anforderungen, die an ihn in der Urhorde gestellt wurden, von deren wenigen Individuen jedes einzelne alle anderen persönlich kannte und auf seine Weise auch ›liebte‹.« (1965 b, II 190)

Dieses instinktive Verhalten der Vormenschen bestimmt nach *Lorenz* auch noch menschliche Reaktionen. Die Evolution des Lebendigen vollziehe sich nur in solchen großen Zeiträumen, wie sie der Geologe kennt, die Entfaltung der menschlichen Kultur aber in dem forcierten Tempo wie es das Denken des Historikers leitet (1963, 367 f.). Die spezifischen Hervorbringungen menschlichen Denkens und ihre Überlieferung auf dem Wege der Sprache bilden dabei eine die angeborenen Verhaltensweisen durchkreuzende Haltung des Menschen. Die dem Denken des Menschen entsprungene moderne Lebenswelt ist so dem instinktiven Steinzeitverhalten (67) zugeordnet, der Mensch also zu fortschrittlich für seine altertümliche Ausstattung. Dieser Prozeß begann nach *Lorenz* mit der eigentlichen Menschwerdung, die mit dem Gebrauch der ersten Waffen anzusetzen ist. Mit diesen Waffen gelang es dem Menschen, schneller zu agieren als er instinktmäßig reagieren kann, so daß also die Tötungshemmungen nicht mehr wirksam werden können. Ihr Nachhinken produziert möglicherweise nur noch die Reue nach der Tat. Noch erleichtert wurde das Töten dadurch, daß mit fortschreitender Waffentechnik der zu tötende Gegner gar nicht mehr sichtbar war. Dadurch wurde jede Hemmung unmöglich. Der Weg vom Faustkeil zur Atombombe ist darum als ein Weg zunehmender Enthemmung zu beschreiben (1965 b II 191).

Mit zunehmender Vernunft wachsen die Gefahren der Instinktverunsicherung, aber auch die Einsichten in die Gefahren, die dem Menschen durch sich selbst drohen. Gleichzeitig damit nahm auch die Erkenntnis von der Notwendigkeit moralischer Verantwortung zu. Sie übernahm in der Regelung menschlichen Zusammenlebens die Rolle, die in der Tierwelt die Rituale haben.

In Umkehrung von *Lorenz'* Perspektive des moralanalogen Verhaltens der Tiere müßte man hier von einem ritualanalogen Verhalten des Menschen sprechen.

– Man könnte dazu frei nach *Engels* (Einleitung zur Dialektik der Natur) sagen: *Lorenz* wußte nicht, welche Satire er auf die Menschen schrieb, als er nachwies, daß das, was die Philosophen als die bisherige höchste Errungenschaft der moralischen Leistung des Menschen feiern, nämlich die bürgerliche Moral, der Normalzustand des Tierreichs ist: freie Konkurrenz im Rivalenkampf unter Vermeidung des direkten, leiblichen Todes des Gegners, autoritäre Herrschaftsstruktur und eine streng gegliederte Unter- und Hackordnung, wechselseitige Achtung und Schonung in der ingroup bei forcierter Aggression gegen jede outgroup usw. Im Vergleich zum Ernst des Kampfes auf Leben und Tod in den Deutungen von *Darwin* und *Freud* wird hier das ganze Schema auf *die etwas heitere und fairere des Sportes* herabgestimmt. Das zeigt sich nicht nur in der Wahl von Sportausdrücken, sondern auch in den Sportvorschlägen zur Lenkung der Aggression. –

Wichtig ist nun dabei die These von *Lorenz*, daß von allen moralischen Imperativen nur das im Sinne eines Naturgesetzes wirken könne, was einem wirklichen gemäß verlaufe. Bisher hat die moralische Arbeit der Menschen nur vermocht, ähnliche Gesetze für das Zusammenleben zu entwerfen, wie sie die Gruppen höherer Säugetiere darstellen, also eine ausgesprochene Kleingruppenmoral der einfachen Sittlichkeit, in der die Mitglieder der gleichen sozialen Gruppe friedlich miteinander zusammenleben, weil die überschüssige Aggression in der Auseinandersetzung mit äußeren Gegnern Absättigung fand (1963, 371 f.). Der Mensch ist darum, das betont *Lorenz* immer wieder, nicht böse von Jugend auf, sondern nur nicht ganz gut genug für die Anforderungen des modernen Gesellschaftslebens (372).

1. Schon die Vergrößerung des Sozietäten führt dazu, daß sich die Einzelnen nicht mehr genügend kennen, das Gleichgewicht zwischen den Instinktbewegungen der Anziehung und Abstoßung wird gestört.

2. Außerdem bewirkt das enge Zusammenleben mit seinen dauernden Überfüllungsphänomenen eine Ermüdung der sozialen Beziehungen. Aus dem Zusammengedrängtsein entsteht eine vermehrte Bereitschaft zum aggressiven Verhalten.

3. Diese Bereitschaft wird noch dadurch gesteigert, daß alle aggressiven Strebungen mit Verboten belegt sind, sie also keine Gelegenheit zur Abfuhr erhalten dürfen.

Zusammenfassend läßt sich mit *Lorenz* sagen:

»Mit der höheren Entwicklung der Zivilisation werden alle Voraussetzungen für das richtige Funktionieren unserer natürlichen Neigungen zu sozialem Verhalten immer ungünstiger, während die Anforderungen, die an dieses gestellt werden, immer größer werden.« (373 f.) Wir kommen auf Grund vernünftiger Überlegungen zu der Einsicht, daß die Grenzen zwischen den beiden feindlich gesinnten zwei Großsozietäten, die heute das Leben auf der Erde bestimmen, aufgesprengt werden müssen, daß nur dann aber diese Feindschaft nachlassen könnte, wenn es dem Menschen gelänge, der Aggression Herr zu werden.

Wie das nicht möglich ist, läßt sich am einfachsten sagen:

1. nicht durch die Ausschaltung aller Aggression auslösenden Situationen und Momente, dadurch würden die Menschen zu einem Verhalten kommen, wie es die berüchtigten, schon erwähnten amerikanischen non-frustration-children zeigten.

2. Auch durch Verbote würde man nichts erreichen. Man erzeugte eine Situation, die *Lorenz* am Dampfkesselbeispiel demonstriert. Man würde versuchen, das Ansteigen des Druckes in einem dauernd beheizten Kessel dadurch zu vermeiden, daß man die Verschlußfeder am Ventil fester schraubt. (395)

3. Auch eine Dämpfung der Aggression durch Medikamente, wie sie etwa *von Holst* vorschwebte, würde zu nichts führen, weil sie möglicherweise die Aggression unter das für die Bewältigung der Lebensarbeit notwendige Maß zurückdämpfen.

4. Auch der Vorschlag von Julian *Huxley*, die Aggression durch gezielte Eugenik wegzuzüchten, ist für *Lorenz* mit dem Problem verbunden, ob nicht dabei das lebensnotwendige Maß an Aggression verlorengehe. Aus dem, was wahrscheinlich geht, stellt *Lorenz* folgende Punkte zusammen:

1. Aggression moralisch gesteuert auf Ersatzobjekte umleiten.

»Neu-Orientierung der Aggression ist der nächstliegende und hoffnungsvollste Weg, sie unschädlich zu machen. Leichter als die meisten anderen Instinkte nimmt sie mit Ersatzobjekten vorlieb und findet an ihnen volle Befriedigung.« (397)

2. Alle Wege möglicher Sublimierung müssen geprüft werden.

3. Eine besonders geeignete Form, Aggression in ritualähnliche Bahnen zu lenken, bietet der Sport. Besonders die schweren Sportarten garantieren, daß die Aggressionsmenge, die notwendigerweise über die Muskulatur abreagiert werden muß, Absättigung findet. Große Länderwettkämpfe rivalisierender Mannschaften bieten dabei eine besondere Chance,

auch die emotionale Seite zu befriedigen. Der Sport weckt dabei gleichzeitig noch moralische Impulse, indem er die Sportler auf Begriffe der Fairneß und Ritterlichkeit verpflichtet (398). Ferner bietet gerade der Länderwettkampfsport noch außerdem Gelegenheit zum gegenseitigen Kennenlernen der Menschen fremder Völker. Damit werden die bestehenden starren Grenzen aufgelockert. Internationale Aggression soll also durch internationale Freundschaften unter Hemmung gesetzt werden und dabei spielt, wie aus den Ausführungen über das Band noch erinnerlich sein sollte, das Sich-Kennen eine wichtige Rolle. Das persönliche Sich-Kennen ist nämlich nicht nur die Voraussetzung für die komplexeren, aggressionshemmenden Mechanismen, sondern es trägt vor allem schon an sich dazu bei, dem Aggressionstrieb die Spitze zu nehmen (400).

4. Wegen der Wichtigkeit des Kennenlernens sind auch außerhalb des Sportes in Wirtschaft und Kultur alle Möglichkeiten solcher Aufhebung bestehender Grenzen zu unterstützen.

5. Besonders wichtig ist die kritische Beherrschung der Begeisterung (401). Dieser Begriff, der wahrscheinlich von *Gottsched* (1730) zuerst gebraucht worden ist, spielt in den Spekulationen von *Lorenz* eine wichtige Rolle.

Für ihn ist die Begeisterung eine von den Vormenschen ererbte, angeborene Eigenschaft, sich für überindividuelle Ziele leidenschaftlich aggressiv einzusetzen (1965 a, 304). Sie ist für das Zusammenleben der Menschen ebenso gefährlich wie notwendig. Gefährlich besonders deshalb, weil die »blindinstinktive Natur dieser Verhaltensnorm zu den vernichtenden Fehlleistungen menschlicher Aggression führen kann« (ebd.). In ihren Ausdrucksbewegungen erweist sich die Begeisterung als Instinktverhalten. »Der Mensch nimmt eine gestraffte Haltung an, schiebt das Kinn vor, und es läuft ihm ein ›heiliger‹ Schauer über den Rücken und, wie man bei genauer Selbstbeobachtung bemerkt, über die Außenseite der

Arme, die dabei etwas vom Körper abgehoben und nach innen rotiert werden. Diese Körperhaltung ist homolog zu derjenigen des Schimpansenmannes, der zur sozialen Verteidigung seiner Horde antritt. Der ›heilige‹ Schauer ist nichts anderes als das Sträuben der Haare an den betreffenden Körperstellen, das beim Schimpansen zur imponierenden, einschüchternden Vergrößerung der Körperkonturen führt. Wir sträuben also einen Pelz, den wir gar nicht mehr haben.« (ebd.) – *Lorenz* selbst erlebt diesen romantischen Schauer besonders immer bei dem Lied ›*Gaudeamus* igitur . . .‹, obwohl er nie einer farbentragenden Verbindung angehörte. – Richtig die Begeisterung auszunutzen gewußt haben nach *Lorenz* bisher nur die Demagogen. Von ihnen könne man lernen, wie man – bei gegenteiliger Orientierung – damit die Menschen für menschheitliche Ziele gewinnen könne. Zu der Reiz-Situation, die Begeisterung optimal auslöst, gehören

1. die zu verteidigende Sozietät,
2. die Bedrohung bzw. die glaubwürdig gemachte Bedrohung der Sozietät. Der Feind kann dabei fast beliebig konkret oder abstrakt sein: die Juden, die Russen, Tyrannen, Faschismus, Weltkapitalismus oder Bolschewismus usw.,
3. ein Führer, der die Begeisterung formuliert und die Sozietät aufruft und immer wieder neu ansporent,
4. die möglichst große Zahl der Mithingerissenen (1963, 384 f.).

Im Laufe der Entwicklung wurde aus dieser Reaktion der Begeisterung, die ursprünglich der Verteidigung der individuell bekannten, konkreten Sozietätsmitglieder diente, mehr und mehr die einer Verteidigung der überindividuellen, durch Tradition überlieferten Kulturwerte, in Begriffen wie Volk oder Nation und endlich in der Gegenwart zu der des Wertes von West gegen Ost und umgekehrt. Um eine menschheitliche Katastrophe bei Anwendung der im Besitz beider Seiten der Welt befindlichen Atomwaffen zu verhindern, gebietet die Vernunft, gegen diese Art bisheriger Begeisterung eine neue weltbürgerliche Gesinnung zu setzen (s. Etzioni 1965 u. Denker 1967, 79 ff.).

»Die heute neu auftretende Lebenslage der Menschheit macht unbestreitbar einen Hemmungsmechanismus nötig, der tätliche Aggression nicht nur gegen unsere persönlichen Freunde, sondern gegen alle Menschen verhindert. Daraus leitet sich die selbstverständliche, ja geradezu der Natur abgelauschte Forderung ab, alle unsere Menschenbrüder, ohne Ansehen der Person zu lieben.« (1963, 412 f.) Aber *Lorenz* ist skeptisch, ob eine rationale Lösung des Problems möglich ist. Er, der ausgehend von der aufklärerischen These, daß es wie ein Wunder sei, daß die Welt ohne Wunder erklärbar ist (354), die wissenschaftliche Durchdringung aller Bereiche des Seienden fordert, umgibt das Zentrum seiner rationalen Erkenntnisse mit einem Schleier mythologischer Verklärung. Er setzt die nichtmenschliche Ordnung als besser über die des Menschen, er fordert zur Lösung der menschlichen Probleme ein tieferes Hineinhorchen in den »urtümlichen dunklen Hintergrund« (211), damit daraus ein Drang zu Engelhaftem (381 f.) mit einem »warmen Gefühl für Werte« (120) entspringe. Aus dieser Dunkelzone erwächst ihm auch der Glaube an die menschheitliche Vernunft im Dienste der Macht der Selektion mit dem Optimismus zu Besserem als dem Menschen (345). Wir sind der letzte Schrei, aber ganz sicher nicht das letzte Wort (345) der großen Konstrukteure des Artwandels Selektion und Mutation (265 f. u. 412 f.).

Die menschliche Vernunft hat in moralischer Einsicht erkannt (z. B. Bertrand *Russell*), daß der Weltfrieden nur gesichert werden könnte, wenn es den Menschen gelänge, eine alle Menschen gleicherweise umfassende Moral und weltbürgerliche Gesinnung zu gewinnen. Da aber nach *Lorenz* die Vernunft immer nur das wirklich zum Gesetz machen kann, was eigentlich schon ein Naturgesetz ist, oder anders ausgedrückt, daß die moralische Forderung immer einer Instinktbasis bedarf, ohne die sie leer und unerfüllbar bliebe, kann diese

menschheitliche Moral erst dann wirksam und wirklich werden, wenn die Natur, ihrem vernünftigen Grund nach, die Instinktbasis dazu durch Mutation und Selektion schafft. Erst dann wird wirklich, was sonst nur vernünftig bliebe.
Wir fassen diesen Gedankengang mit dem Zitat des formelhaft salomonischen Schlusses des Buches zusammen: »Das volle und warme Gefühl von Liebe und Freundschaft können wir nur für Einzelmenschen empfinden, daran kann der beste und stärkste Wille nichts ändern! Doch die großen Konstrukteure können es. Ich glaube, daß sie es tun werden, denn ich glaube an die Macht der menschlichen Vernunft, ich glaube an die Macht der Selektion und ich glaube, daß die Vernunft vernünftige Selektion treibt. Ich glaube, daß dies unseren Nachkommen in einer nicht allzu fernen Zukunft die Fähigkeit verleihen wird, jene größte und schönste Forderung wahren Menschentums zu erfüllen.« (413; vgl. 1965 a, 308) In diesem Glaubensbekenntnis wird den Menschen die Aktivität zur Besserung ihrer Weltlage entzogen und alle augenblicklichen Spannungen der Weltpolitik der vernünftigen Natur angelastet, d. h. die Menschen in ihrem Versagen entschuldigt.
Spätestens an dieser Stelle macht *Lorenz* einen unerlaubten Übergriff über die von ihm selbst gesetzten Grenzen. Ehe nicht von den Humanwissenschaften in genauesten Untersuchungen geklärt ist, ob sich nicht trotz aller funktionalen Analogien das menschliche Antriebsleben von dem der Tiere grundsätzlich unterscheidet, weil die Instinkte sich durch die vernunftgesteuerten Gesellschaftsprozesse zurückbildeten, ist das Glaubensbekenntnis von *Lorenz* vorschnell und unglaubwürdig. (Zur Unterscheidung des funktional Analogen bei Mensch und Tier vgl. Becker 1958 u. Ploog 1964)
*Czapiewski* (1967) macht auf eine durchgängige Vertauschung der Perspektiven bei *Lorenz* aufmerksam (S. 48 ff.), auf die auch ich schon hingewiesen hatte: *Lorenz* interpretiert das Verhalten der Tiere anthropomorphistisch, d. h. er

beschreibt sie auffallend konsequent mit Kategorien aus dem Bereich des menschlichen Lebens und Zusammenlebens. Den Menschen dagegen sieht er vorwiegend als zwischen den Tieren stehend. »Dem Anthropomorphismus, d. h. der vermenschlichenden Deutung tierischer Verhaltensweisen, entspricht daher ein Theromorphismus, d. h. eine tierhafte Deutung des Menschen.« (55)
Daß dies eine Eigentümlichkeit von *Lorenz* ist und nicht für alle Verhaltensforscher in gleicher Weise gilt, zeigen die Arbeiten von *Heinroth, Hediger, Portmann, von Holst, Eibl-Eibesfeldt, Barnett, Hinde.*
– Geradezu schlimme Folgen hat die unkritische Übernahme der Ergebnisse von *Lorenz* bei *Gehlen* (1969). –

## *Leyhausens Thesen zu Lorenz*

Ich fasse die bisherigen Ausführungen über *Lorenz* mit den vier Thesen zusammen, die P. *Leyhausen*, panbiologistisch argumentierender Schüler von *Lorenz*, auf einer Tagung am 5. Dezember 1970 in Schwerte im Anschluß an Lorenz' Buch ›Das sogenannte Böse . . .‹ vertrat und zu dem Schluß kam, wir müßten das Kreuz des Aggressionsüberschusses aus biologisch bedingten Notwendigkeiten ertragen und die Gesellschaftsformen wieder auf diese biologischen Bedingungen zurückführen. Er betonte:
1. Das Phänomen aggressiven Verhaltens beruht auf besonderen Antrieben, deren qualitative Entwicklung im Individuum nicht von äußeren Einflüssen und besonders nicht von Erfahrung und Erziehung abhängt und von dorther auch nur in Grenzen quantitativ zu beeinflussen ist.
2. Diese Antriebe entfalten einen eigenen inneren Drang zur Betätigung, der um so stärker wird, je länger keine zur Betätigung ›passende‹ Situation eintritt, so daß im Grenzfall die sogenannte unprovozierte Aggression nicht nur in einer

›unpassenden‹, sondern sogar in einer ihr normalerweise direkt hemmend entgegenstehenden Situation ablaufen kann.

3. Diese Antriebe führen in der Regel nicht zu katastrophalen Gewaltausbrüchen ungehemmter Aggression, sondern haben im Rahmen der Gesellschaft notwendige, alltägliche Ordnungsfunktionen.

4. Im Falle engerer sozialer Bindung mehrerer bis vieler Individuen muß die Aggression zwischen den Sozialpartnern gehemmt werden, da sonst kein auf die Dauer funktionierender Sozialverband möglich ist. Der wohl wichtigste dieser Hemmungsmechanismen besteht darin, daß die zwischen den Sozialpartnern ausgelöste Aggression ›umgelenkt‹ wird, vom sozialen Partner weg und gegen eine beide bedrohende Gefahr, einen gemeinsamen Gegner; daß auf diesem Umweg des gemeinsam zu bestehenden oder schon bestandenen Kampfes die Aggression paradoxerweise den Sozialverband nicht sprengt, sondern eine der wichtigsten Quellen für Gemeinschaftsgefühl, Begeisterungsfähigkeit für Gemeinschaftsaufgaben und persönliche Freundschaft ist.

*Empfohlene Lektüre:* Schriften von Lorenz; Lorenz u. Leyhausen 1968; Fischel 1955; Heinroth 1941; Portmann 1964; Chauvin 1967; v. Holst 1961, 1969 u. 1970; Eibl-Eibesfeld 1967 u. 1970; Barnett 1968; – Tinbergen 1956; Tembrock 1964 – Schriften von Plessner, dazu Denker 1971; Portmann 1956; Ploog 1964; Rensch 1965; Kneutgen 1970; Eibl-Eibesfeldt 1973 u. 1975.

## Kant (II) – Lorenz' Kant-Kritik

Das in dieser Kritik an *Lorenz* zum Ausdruck Gebrachte sei durch eine Reflexion auf *Lorenz' Kant*-Kritik verdeutlicht. Vorweg ist dabei zu betonen, daß *Kant* genau unterschied zwischen den Instinkten der Tiere und den Neigungen des Menschen.

Der Instinkt, »diese Stimme Gottes«, gewährleistet das paradiesartige harmonische Eingepaßtsein des Tieres in seiner Umwelt (Mutmaßlicher Anfang der Menschengeschichte, VI 87), Neigungen, diese gemäßigten, inniglicher und dauerhafter gemachten, weil entsinnlichten Instinkte, die darum keine mehr sind, bestimmen das Leben und Zusammenleben der Menschen (Mutmaßlicher Anfang . . . VI 89). Wegen dieser Entsinnlichung stehen sie der Vernunft näher und sind darum durch sie beherrschbar.

»Die Natur hat gewollt: daß der Mensch alles, was über die mechanische Anordnung seines tierischen Daseins geht, gänzlich aus sich selbst herausbringe, und keiner anderen Glückseligkeit oder Vollkommenheit teilhaftig werde, als die er sich selbst, frei von Instinkt, durch eigene Vernunft verschafft hat. Die Natur tut nämlich nichts überflüssig, und ist im Gebrauche der Mittel zu ihren Zwecken nicht verschwenderisch. Da sie dem Menschen Vernunft und darauf sich gründende Freiheit des Willens gab: so war das schon eine klare Anzeige ihrer Absicht in Ansehung seiner Ausstattung. Er sollte nämlich nun nicht durch Instinkt geleitet, oder durch anerschaffene Kenntnis versorgt und unterrichtet sein; er sollte vielmehr alles aus sich selbst herausbringen.« (Idee zu einer allgemeinen Geschichte in Weltbürgerlicher Absicht, VI 36). Aufgabe der menschlichen Gattung ist es, sich aus dem anfänglichen »Heer von Mühseligkeiten« im Laufe der Zeit hervorzuarbeiten und durch moralische Einsicht eine alle Menschen umfassende Gesinnung unter Leitung des der Vernunft einwohnenden kategorischen Imperativs zu erstreben.

Nach *Lorenz* ist der kategorische Imperativ nicht ein der Vernunft a priori Gegebenes, sondern im natürlichen Werden Gewordenes (1963, 354). Außerdem vermöge es der Mensch nicht, solchem reinen Vernunftgebot wirklich zu entsprechen, wenn darin die Unterdrückung von Neigungen gefordert werde. Mit *Schillers* Xenie

Gewissensskrupel

Gerne dien ich den Freunden, doch tu ich es leider mit Neigung,
Und so wurmt es mir oft, daß ich nicht tugendhaft bin.

Decisum

Da ist kein anderer Rat; du mußt suchen, sie zu verachten,
Und mit Abscheu alsdann tun, was die Pflicht gebeut.

ergreift er gegen *Kant* Partei. Nur wo Neigungen die Handlungen bestimmen, sei wirkliches Zusammenleben möglich. Es bedürfe immer eines gefühlsmäßigen Faktors, um eine vernunftmäßige Erkenntnis in einen Imperativ zu verwandeln (380). Darum könne Liebe nicht geboten werden, wo sie sich nicht schon regt. Die der Liebe entgegenwirkenden Instinkte könnten nicht einfach unterdrückt werden, höchstens zu neuen Zielen überlistet. Nur in diesem Sinne seien kategorische Imperative möglich. Sie seien als moralgewirkte Gesetze möglich, weil sie eigentlich schon Gesetze der Natur seien: »Der alles sogenannten Tierischen entkleidete, des Drangs der Dunkelheit beraubte Mensch als reines Vernunftwesen, wäre keineswegs ein Engel: weit eher das Gegenteil!

Es ist indessen nicht schwer einzusehen, weshalb sich die Meinung durchsetzen konnte, daß alles Gute, und nur das Gute, der menschlichen Gemeinschaft Dienliche, der Moral zu danken sei und alle ›egoistischen‹, mit den Anforderungen der Sozietät unvereinbaren Handlungsmotive des Menschen den ›tierischen‹ Instinkten entsprängen. Wenn man sich nämlich *Kants* kategorische Frage stellt: ›Kann ich die Maxime meines Handelns zum Naturgesetz erheben, oder ergäbe sich bei diesem Versuch etwas der Vernunft Widersprechendes?‹, so erweisen sich alle Verhaltensweisen, auch rein instinktive, als durchaus vernünftig, vorausgesetzt, daß sie die arterhaltende Leistung vollbringen, zu der sie von den großen Konstrukteuren des Artenwandels geschaffen wurden. Vernunftwidriges ergibt sich nur bei der Fehlfunktion eines Instinktes. Sie aufzuspüren ist die Aufgabe der kategorischen Frage, sie zu kompensieren, die des kategorischen Imperativs. Instinkte, die richtig ›im Sinne der Konstrukteure‹ funktionieren, vermag die Selbstbefragung nicht von Vernunftmäßigem zu unterscheiden. Fragt man in einem solchen Falle, ›kann ich die Maxime meines Handelns zum Naturgesetz erheben?‹, so erhält man deshalb eine deutlich bejahende Antwort, weil sie sowieso schon ein solches ist!« (381 f.)

*Lorenz* ist mit diesen Ausführungen *Kant* näher als er weiß, allerdings auch wieder ferner als er ahnt, denn *Kant* hat nicht bei einem dunklen Gefühl der Tiefe (381), sondern beim vernunftgewirkten Gefühl der Achtung Zuflucht gesucht. Mit *Lorenz* würde er zunächst völlig darin übereinstimmen, daß Liebe in ihrer »pathologischen« Form als »schmelzende Teilnehmung« nicht gefordert und geboten werden könne, wohl aber Wohltun auch Achtung fürs Gesetz (Grundlegung zur Metaphysik der Sitten, IV 25 f.). Gegenüber der pathologischen würde er diese als praktische Liebe bezeichnen. Mitmenschliche Beziehungen, die ganz auf Neigungen beruhen, lehnt er nicht ab, sie sind nur ethisch nicht relevant. Darum trifft ihn *Schillers* Kritik der Xenien nicht.

Mit der Ausdeutung des Begriffs der Achtung wird deutlich, daß *Kant* die Möglichkeit der reinen Vernunftbestimmung der Handlung zurückbezieht aufs Gefühl. (Die nachfolgende Auslegung besonders nach Grundlegung zur Metaphysik der Sitten, IV 26 und der Fußnote IV 27 f.) *Kant* wendet sich zuerst dagegen, daß man ihm vorwerfen könne, er nehme mit dem Begriff der Achtung Zuflucht bei einem dunklen Gefühl statt bei einem klar definierten Begriff. Wenn die Achtung von ihm tatsächlich unter die Gefühle gerechnet wird, so gibt er doch einen wichtigen Unterschied zu allen anderen Gefühlen an: Alle anderen Gefühle werden von äußeren Objekten ausgelöst, die affizieren uns und bewirken so Gefühle der Lust in uns, wenn das Objekt Neigung erregt oder aber Unlust, wenn das Objekt Furcht erregt. Diese Gefühle nennt er darum als durch Einfluß empfangene, durch den Einfluß äußerer Objekte nämlich auf uns. Das Gefühl der Achtung dagegen ist vom denkenden Subjekt selbst erzeugt. Das Denken des moralischen Gesetzes wirkt auf die Gemütskräfte zurück. Der Gedanke ist so erhaben, daß er uns innerlich nicht unbeteiligt läßt. Das Gesetz ist dabei als die Ursache für das Gefühl anzusehen, die Achtung als die Wirkung.

Das Denken des Gesetzes erzeugt die Vorstellung eines Wertes, der höher steht als die Selbstliebe, denn das Gesetz bestimmt es als notwendig, daß wir ihm gehorchen. Wir müssen uns ihm unterwerfen, ihm unterordnen. Dabei entsteht anfänglich durchaus kein vergnüglicher Gemütszustand, sondern ein Gefühl der Demütigung, also ein Unlustgefühl, darum besteht eine Analogie zum Gefühl der Furcht. Das Gesetz erzeugt einen Widerstand gegen die Neigungen, also das was wir von Natur aus eigentlich lieber täten. Doch mit der Herabsetzung der sinnlichen Seite entsteht gleichzeitig eine Erhebung der moralischen Kräfte, d.h. der praktischen Schätzung des Gesetzes auf der intellektuellen Seite, ein positives Gefühl, analog dem lustvollen der Neigung. Wir bekommen Lust, nach der Erfüllung des im Gesetz Geforderten zu streben. »Denn eine jede Verminderung der Hindernisse einer Tätigkeit ist Beförderung der Tätigkeit selbst.« (Kritik der praktischen Vernunft, IV 200) Um es ganz einfach auszudrücken: die erste Reaktion ist passiv, wir haben das Gefühl, das im Gesetz Geforderte ist zu hoch gesteckt und übersteigt darum unsere Kräfte: das schaffe ich nie, dem gerecht zu werden, aber gleichzeitig damit kommt auch die Gegenwendung auf: es muß doch möglich sein, dem durch die Vernunft selbst Gedachten im Handeln nachzukommen, es ist so sinnvoll, hat einen so erhebenden Wert, daß wir Lust bekommen, es wenigstens zu versuchen. Die erste Wirkung des moralischen Gesetzes aufs Gefühl ist »bloß Demütigung, welches wir also zwar a priori einsehen, aber an ihr nicht die Kraft des reinen praktischen Gesetzes als Triebfeder, sondern nur den Widerstand gegen Triebfedern der Sinnlichkeit erkennen können. Weil aber dasselbe Gesetz doch objektiv, d. i. in der Vorstellung der reinen Vernunft, ein unmittelbarer Bestimmungsgrund des Willens ist, folglich diese Demütigung nur relativ auf die Reinigkeit des Gesetzes stattfindet, so ist die Herabsetzung der Ansprüche der moralischen Selbstschätzung, d. i. die Demütigung auf der sinnlichen Seite, eine Erhebung der moralischen, d. i. der praktischen Schätzung des Gesetzes selbst, auf der intellektuellen, mit einem Worte Achtung fürs Gesetz, also auch ein, seiner intellektuellen Ursache nach, positives Gefühl, das a priori erkannt wird.« (Kritik der praktischen Vernunft, IV 200)

Auch alle Achtung anderer Personen ist eigentlich Achtung fürs Gesetz. Sie geben gleichsam ein Beispiel, wie die Ausführung des Gesetzes auszusehen hat.

»Vor einem niedrigen, bürgerlich-gemeinen Mann, an dem ich eine Rechtschaffenheit des Charakters in einem gewissen Maße, als ich mir von mir selbst nicht bewußt bin, wahrnehme, *bückt sich mein Geist,* ich mag wollen oder nicht, und den Kopf noch so hoch tragen, um ihn meinen Vorrang nicht übersehen zu lassen. Warum das? Sein Beispiel hält mir ein Gesetz vor, das meinen Eigendünkel niederschlägt, wenn ich es mit meinem Verhalten vergleiche, und dessen Befolgung, mithin die *Tunlichkeit* desselben ich durch die Tat bewiesen vor mir sehe. Nun mag ich mir sogar eines gleichen Grades der Rechtschaffenheit bewußt sein, und die Achtung bleibt doch . . . *Achtung* ist ein *Tribut,* den wir dem Verdienste nicht verweigern können, wir mögen wollen oder nicht; wir mögen allenfalls äußerlich damit zurückhalten, so können wir doch nicht verhüten, sie innerlich zu empfinden.« (IV 197 f.) Die Achtung des anderen Menschen ist also gebunden an die Achtung fürs Gesetz. Daraus erwächst der Respekt für die Würde des anderen Menschen.

Endabsicht in der Entfaltung der moralischen Kräfte der Menschheit ist nicht die Unterdrückung der Neigungen. Sie dürfen nur die moralische Entscheidung nicht bestimmen. Die Handlungen dürfen wohl mit Neigungen, aber nicht aus Neigungen geschehen. Das aber werde dem Menschen erst nach mühevollen Umwegen im Laufe der Geschichte gelingen. Dafür zwei Belege aus der Schrift ›Mutmaßlicher Anfang der Menschengeschichte‹:

»Denn die Natur hat gewiß nicht Instinkte und Vermögen in lebende Geschöpfe gelegt, damit sie solche bekämpfen und unterdrücken sollten.« (VI 94) und: »Der Mensch sollte sich aus der Rohigkeit seiner Naturanlagen selbst herausarbeiten, und, indem er sich über sie erhebt, dennoch Acht haben, daß er nicht wider sie verstoße: eine Geschicklichkeit, die er nur spät und nach vielen mißlingenden Versuchen erwarten kann, binnen welcher Zwischenzeit die Menschheit unter den Übeln seufzt, die sie sich aus Unerfahrenheit selbst antut.« (ebd. VI 95) Im Bereich der mitmenschlichen Beziehungen ist die Achtung dabei für *Kant* die unabdingbare Voraussetzung für alle mögliche, darauf aufbauende Liebe. »Die Achtung ist ohne Zweifel das Erste, weil ohne sie auch keine wahre Liebe statt findet.« (Das Ende aller Dinge, VI 187 u. 189)

Durch diese Rückbesinnung auf *Kant* wird deutlich, daß es für die Einschätzung der moralischen Möglichkeiten des Menschen von entscheidender Bedeutung ist, ob man den Menschen mehr in Richtung tierähnlicher Instinktgebundenheit interpretiert, über die menschliche Vernunft zwar moralisch hinausdenken aber nicht wirken kann, oder ob man den Menschen mehr als gesellschaftliches Wesen interpretiert, in dessen Leben zwar Instinktreste eine nicht unerhebliche Rolle spielen, der aber doch in der Lage ist, mit Hilfe der Vernunft Seiendes zu erkennen und sich selbst so zu erforschen, daß es ihm gelingt, die Triebe in moralisch geforderter Weise in den Dienst zu nehmen. Solange diese Fragen nicht entschieden sind – und sie sind in den Humanwissenschaften bisher nicht eindeutig beantwortet – ist *Lorenz'* Bestimmung der menschlichen Situation eine voreilige Entmächtigung des Menschen. Wer wirklich an die Kraft der menschlichen Vernunft glaubt, darf sich der Hoffnung nicht begeben, daß es ihr gelingen könnte, das Zusammenleben der Menschen in Frieden zu verwirklichen und die Aggression ins Lebensdienliche umzuleiten, um so das Zusammenleben der Menschen in Frieden zu verwirklichen.

## Kritik an der Verhaltensforschung

Nun, so denken wohl die meisten, hier bei *Lorenz* sind wir endlich auf dem festen Boden der Naturwissenschaften, die allen Anforderungen der Exaktheit genügen und über jeden Ideologieverdacht erhaben sind und können wie der Schiffer nach langer Irrfahrt ›Land‹ rufen.

Das ist aber gar nicht der Fall. Gerade die Biologie zeigt beim Nachdenken über ihre Geschichte ganz eindeutig, daß die Biologen immer mit einem durch die gesellschaftlichen Verhältnisse der eigenen Zeit sehr eingefärbten Blick in die Natur schauten.

Dafür nur drei Beispiele:

1. *Linné* beschrieb die Natur ganz im Sinne feudalistischer Herrschaftssysteme mit den Bäumen als Königen und den Moosen als Dienern usw.

2. *Darwin* sah die animalische Natur von den gleichen Gesetzen durchherrscht, welche in der liberalen bürgerlichen Marktgesellschaft das ökonomische Konkurrenzprinzip bilden.

3. Bei *Lorenz*, so kann man sagen, geht es in der Natur gebremst und sportlich verklärt reaktionär zu. Da wird um Rangordnungen gekämpft, da wird der Lebensraum unnachgiebig verteidigt und der Liebesrivale kaltgestellt. Vor dem wirklichen Faschismus schützen die Tiere, den großen Kon-

strukteuren der Arterhaltung sei's gedankt, Rituale und Demutsgebärden.

Nicht so beim Menschen. Da haben sich die Instinkte zurückgebildet. Aber durch neue Tötungswaffen, die auf Distanz wirken, und darum die Tötungshemmung ausschalten, wird alles anders. Hier wird nun anders als in der Natur der Liebespartner wirklich kaltgemacht, der Lebensraum auf Leben oder Tod verteidigt und der Rivale in der Rangordnung erledigt. Selbst für Kleinigkeiten wird der Rivale oder Gegner mit dem Tode bestraft, oder er ihm doch wenigstens in unbezweifelbarer Nekrophilie an den Hals gewünscht. Die gegenwärtige Weltgesellschaft erforderte zwar eigentlich eine andere Grundhaltung des Zusammenlebens, die auch in Ethiken formuliert wurde, aber leider läßt sie sich nicht leben, weil die großen Konstrukteure des Artenwandels für den Menschen noch keine modifizierte Antriebsstruktur herausgemendelt haben. Da *Lorenz* manipulative Eingriffe mit Drogen, Operationen und Ähnliches von Menschen in die Antriebsstruktur von Mitmenschen mit Recht ablehnt, und er dem guten Willen zu neuen Formen des Zusammenlebens aus biologischer Skepsis nicht vertrauen kann, bleibt nach ihm dem Menschen also nichts anderes übrig, als mit gefalteten Händen und Tränen über den Weltlauf in den Augen auf eine bessere kosmische Stunde zu warten, in der die Natur ein gnädiges Einsehen in das hat, was der Mensch ethischer Weise zu seinem Fortbestand immer schon wollte.

Wo liegen die Mängel dieser Art biologischer Forschung, hier speziell im Falle von *Lorenz* (u. *Leyhausen*), ich betone das ausdrücklich, es gibt andere Tierverhaltensforscher, die mit anderen Kriterien zu messen sind. Ich nenne sieben Aspekte der Kritik:

1. Bei *Lorenz* geht zuviel der in vielem überaus sympathischen individuellen Persönlichkeit in die Darstellung seiner Forschungen ein. Sein Humor und seine Eitelkeit machen zwar seine Texte lesbar, suggerieren aber auch für die Natur

eine Art sportsmännischer Heiterkeit, die sachlich nicht gerechtfertigt ist.

2. Die ausschließliche Zuwendung zum nichtmenschlichen Bereich der Tiere schützt nicht vor gesellschaftlich bedingter Perspektive in der Selektion der Beobachtung und der Beschreibung des Gesehenen. Das führt bei *Lorenz* mindestens zu einem sportiv verklärten, gebremsten Konservatismus.

3. *Lorenz* überschreitet fortwährend die von ihm selbst theoretisch gesteckten Grenzen, um in einer Vorstellung von der Einheit des Lebendigen auch gleich für den Menschen als gültig hinzustellen, was zunächst nur für Ratten und Graugänse gilt. Das sind nach dem bisherigen Stand der Forschung unerlaubte Übergriffe aus einem Forschungsbereich in den anderen. Möglicherweise ist selbst der Vergleich mit dem Affen, der dem Menschen näher steht als jedes andere Tier, nicht ohne weiteres legitim.

4. *Lorenz* beweist mit Beispielen, statt überzeugende Falsifikationskriterien für seine Hypothesen anzugeben. Die Beispiele sind hochgradig selektiv, es gibt immer auch die Gegenbeispiele, wenn er das menschliche Zusammenleben mit dem Hinweis auf Frühgesellschaften belegen will.

5. Es erfolgt bei *Lorenz,* das gilt allerdings ganz allgemein gerade für die Aggressionsforschung, keine intensive und wissenschaftstheoretischen Kriterien genügende Auseinandersetzung mit Gegentheorien.

6. Das Triebmodell in Analogie zu Staubecken und Batterien ist möglicherweise ganz falsch, suggeriert jedenfalls falsche hydraulische Vorstellungen des Strömens und Fließens, statt solchen von Modulationen und Rückkoppelungen usw., wie sie in der Informationstheorie geprägt wurden und die auch für dieses Forschungsgebiet logisch richtiger wären.

7. Die Konsequenzen, die *Lorenz* vorschnell aus dem Bereich der Tiere als auch für den Menschen gültig verallgemeinert, verweisen in eine konservative, um nicht zu sagen reaktionäre Weltanschauung, die den Menschen weitgehend von

menschenverschuldeten Leiden entlastet und ihn darin lähmt, ernsthaft Besserung der Formen des Zusammenlebens geleitet von Vernunft zu erstreben.

Das sind 7 Punkte der Kritik, von denen einer schon genügen würde, Forschung als problematisch in Frage zu stellen. *Wickler* stimmt heute nicht einmal mehr der allgemeinen Aussage zu, Aggression sei ein echter Instinkt mit eigener endogener Erregungsproduktion und dem entsprechenden Appentenzverhalten! (1971, 121)

*Empfohlene Lektüre:* Mitscherlich 1969 a; Becker 1958; Czapiewski u. Scherer 1967; Denker 1966 u. 1967; Altner 1966; Montagu 1968; Kries 1969; Lumsden 1970; Nolte 1971; Wickler 1971; Schmidbauer 1972; Hollitscher 1973; Plack 1973; Fromm 1974; Denker 1974 a und b; Pilz 1975; Schurig 1974.

## Fazit und neue Akzente

Als Zusammenfassung des bisher Erörterten sei vor allem folgendes noch einmal betont: Beim gegenwärtigen Stand der Forschung spielen immer noch weltanschauliche Hintergrundsmotivationen bei den Vertretern der einzelnen Aggressionstheorien eine zu starke Rolle.

Die Anhänger einer wie auch immer nuancierten Frustrationstheorie sind signifikant häufiger unter gesellschaftskritisch engagierten Forschern zu finden, die Triebtheorie dagegen wird eher von organologisch und darum konservativ – wenn nicht gar reaktionär – denkenden Gelehrten verteidigt. – Sage mir, welche Aggressionstheorie du vertrittst und ich sage dir, was du sonst noch denkst. –

Solange diese Konstellation nicht in neuen Theorien überwunden wird, hat die Aggressions-Forschung noch nicht den wünschenswerten Grad exakter Wissenschaft erreicht.

Triebtheorie und Frustrations-Aggressions-Hypothese müssen auf einen tieferliegenden Zusammenhang hin hinterfragt werden. Es gibt wahrscheinlich keine aus dem Somatischen stammende spezifische Quelle eines Aggressionstriebes, sondern dieser bildet sich erst und wirkt über das System der Muskulatur bei Behinderung der eigentlichen Triebe, wenn diese aufgestaut unter Angstentwicklung das muskuläre System zusätzlich mobilisieren, entweder um die Flucht zu ergreifen, oder aber die Behinderung aggressiv zu beseitigen oder Ersatzobjekte zu suchen.

Ein solcher sekundärer Trieb, der in den Konzepten namhafter Aggressionsforscher immer wieder behauptet wurde, wäre biologisch sinnvoll. Wir wollen diesen Ansatz unter Bezug auf die bisherige Aggressionsforschung näher kennzeichnen.

Nehmen wir mit *Reich* an, daß in jeder falschen Theorie mindestens möglicherweise auch ein rationaler Kern steckt, so können wir aus den uns bisher bekannten theoretischen Ansätzen in der Aggressionsforschung vielleicht einen Mindestkatalog von Gesichtspunkten zusammenstellen, die nach dem jetzigen Stand der Forschung berücksichtigt werden müssen, aber auch jederzeit zu ergänzen sind.

Die Aggressionstheorie entwirft ein Modell des Aggressionsablaufes unter Berücksichtigung innerer Vorgänge im Organismus und äußerer Einflüsse aus der Umwelt.

Es müssen unbewußt wirksame, aus dem Körper kommende Energien angenommen werden. Diese legen einen physiologisch-biologischen Aspekt nahe.

Es gibt lokalisierbare Zentren im Gehirn, die als elektrisch reizbar eine Rolle beim psychischen Ablauf spielen.

Das Organsystem der Aggression wird die Muskulatur, wenn es ein Organismus bei der Behinderung in der Befriedigung seiner Grundbedürfnisse zusätzlich mit der daraus entstehenden Angst mobilisiert.

Bei Behinderung, Frustration, kann/muß eine Rückwendung gegen das Subjekt erfolgen, die auch dem bewußten Ich zugänglich sein kann.

Bei Behinderung und dadurch erfolgende Rückstauung kann eine Steigerung in verschiedenen Triebbahnen erfolgen. Auch

Überlagerungen, Mischungen und Ersetzungen sind denkbar, sowie Umkehrungen.

Bei der Ausbildung der latenten bis offenen Aggression spielen gesellschaftliche Verhältnisse eine prägende Rolle. So kann z. B. durch gesellschaftliche Sanktionen in Kriegszeiten die Tötungshemmung des Individuums weitgehend außer Kraft gesetzt werden, ebenso wie durch auf große Entfernung wirkende Waffen, bei deren Einsatz die Opfer unsichtbar sind. Die Aggression läßt sich ideologisch und suggestiv manipulieren, z. B. in den Massenmedien.

Sie ist auf andere Objekte (Feinde) verschiebbar. Sie läßt sich sublimieren, auch ins Sprachsystem. Sie kann aber auch unter Kontrolle der Vernunft zur Erreichung sinnvoller, d. h. menschenfreundlicher Zwecke dienstbar gemacht werden.

Sie kann durch Änderung der Gesellschaft weitgehend abgebaut werden.

Statt von einem angeborenen Aggressionstrieb gehen wir von einem zur Welt kommenden reinen Lust-Ich aus, dessen Energie durch ein schockartiges traumatisches Urerlebnis aufgespalten wird und erst dann z. T. in ein libidinöses über die erogenen Zonen laufendes System und ein zweites über die Muskulatur funktionierendes System sich auswirkt.

Unter einem traumatischen Erlebnis verstehen wir dabei mit *Freud* ». . . ein Erlebnis, welches dem Seelenleben innerhalb kurzer Zeit einen so starken Reizzuwachs bringt, daß die Erledigung oder Aufarbeitung desselben in normalgewohnter Weise mißglückt, woraus dauernde Störungen im Energiebetrieb resultieren müssen.« (XI 284)

Nach *Rank, Freud, Reich* u. a. ist eine derartige Situation kurz vor, während und nach der Geburt anzunehmen, die zur ersten großen Frustration führt, ». . . die der Säugling mit einem nicht zurücknehmbaren ›Nein‹ beantwortet.« Hierbei entsteht eine Einstellung gegen Menschen und Welt, die dieses undifferenzierte Lust-Ich völlig in Frage stellen. »Hier gleich am Anfang entwickelt sich die Bosheit. Hier entwickelt sich das ›Nein‹, das große ›Nein‹ der Menschheit . . .« (Reich 1969 b, 18 ff.)

Das Ich reagiert auf diesen Lustentzug mit Schmerz und Angst. Gemäß ihrem traumatischen Charakter führen diese zu einer invarianten biologischen Schaltung im zentralen Nervensystem auf das System der Muskulatur. Je nach weiteren Implikationen wird in späteren Situationen, die gleichermaßen Angst auslösen, die Motorik mobilisiert, um durch eigene Aktivität ein Liebesobjekt wieder zu gewinnen, oder um auf die Angst, die auf Gefahr hinweist, mit Flucht zu reagieren, oder um, wo dieses nicht möglich ist, mit Aggression zum Schutze des Ichs zu antworten.

Von da ab verläuft Energie mindestens in diesen beiden Systemen.

Störungen in beiden Systemen, durch innere Konflikte oder Behinderungen von außen erzeugt, die wir als Frustrationen bezeichnen, führen zur Rückwendung gegen das Subjekt und können dort entweder zur Steigerung des anfänglichen Strebens führen, oder aber zur Umschaltung ins andere System, so daß auf Frustration mindestens auch mit Aggression reagiert werden kann, oder mit einer Mischung der Strebungen aus beiden Systemen, z. B. im Sadismus.

Halten wir nun ferner fest, daß das System der Motorik das des aktiven Handelns ist, das bei jeder Bedürfnisbefriedigung wirksam ist, wird auch deutlich, daß Aktivität nicht schon immer aggressiv ist, sondern dieses erst wird, bei entsprechenden Frustrationen. Die Aggressivität äußert sich dann so sehr wie ein Trieb, so daß sie oft damit verwechselt wurde.

Das Streben in beiden Systemen geht auf Entspannung, die als lustvoll erlebt wird. Das Nirwanastreben im Sinne von *Freuds* Todestrieb wäre danach nur ein ins aggressive System transponiertes Streben nach libidinöser Entspannung.

Auch der Masochist strebt nicht nach Unlust und Schmerz, sondern nach orgastischer Lust, kann diese aber auf Grund

von Hemmungen und Verdrängungen nicht finden und sehnt sich darum nur subjektiv nach einem Schmerz, der diese Hemmung ausklinkt, um die Entspannungslust zu erreichen. Das geschieht am ehesten ohne Schuldgefühle, wenn ein anderes Subjekt dabei aktiv wird.
Unter diesen Voraussetzungen läßt sich auch erklären, wieso der Mensch, der im Vergleich zum Tier ein sonst schwächeres aber sexuell gesteigertes Antriebsleben hat, unter gesellschaftlichen Bedingungen ständiger Frustration zu einer vermehrten Aggressivität kommt, zu der es im Tierreich keinen Vergleich gibt. Der Mensch kann sich darum nicht wie ein Tier, sondern nur tierischer als jedes Tier verhalten.
Wenn gerade in den gegenwärtigen, hochindustrialisierten demokratischen Gesellschaften eine Zunahme der Gewalttätigkeit und Kriminalität zu beobachten ist, liegt unter unseren Voraussetzungen der Schluß nahe, daß in der Organisation des Lebens und Zusammenlebens bei aller scheinbaren Freigabe der libidinösen Bereiche besonders frustrierende, die Aggressivität des einzelnen steigernde Bedingungen gegeben sein müssen. Sie lassen sich aus gesamtgesellschaftlicher und mehr das Individuum beachtender Perspektive beschreiben.

## Aggressionsbegünstigende Industriegesellschaften Gesamtgesellschaftliche Perspektive – Marcuse

Die gegenwärtigen großen Industriestaaten der westlichen Welt lassen sich nach *Marcuse* unter Orientierung an *Freud, Baran, Sweesy, Mandel* u. a., aber auch liberalen Theoretikern wie *Galbraith,* als Gesellschaften im Überfluß beschreiben. Von *Galbraith* stammt dieser Begriff, für den Sachverhalt, den auch schon *Hegel* ahnungsweise aufgedeckt hat (vgl. Denker 1969).
Durch den Verlust von Außenmärkten, durch die Markt-Konkurrenz sozialistischer Länder und durch die Industrialisierung von Ländern der dritten Welt (nach *Baran* bereits 1/3

des Weltmarktes) ist die Industrie zur Erzeugung ständig neuer Produkte gezwungen, für die durch gezielte Werbung Bedürfnisse erst geweckt werden müssen, um so für ständigen gewinnbringenden Absatz zu sorgen. Man läßt die Produktivkräfte sich nicht mehr unschuldig entfalten wie früher, sondern bezieht den möglichen Fortschritt in die Planung ein, auch im Bereich der Wissenschaft und technischen Auswertung neuer Erkenntnisse.

Mindestens folgende vier Momente der Struktur dieser Überflußgesellschaften, die von Neo-Marxisten als neo- bzw. spätkapitalistische Systeme bezeichnet werden, gehören dabei ineinandergekettet im Sinne eines Syndroms untrennbar zusammen:

1. Die hochentwickelte, technische und industrielle Kapazität, planmäßiger Verschleiß von Verbrauchsgütern, Weckung von Bedürfnissen zur spielerischen Vergeudung.

2. der steigende Lebensstandard, an dem auch bisher unterprivilegierte Schichten teilhaben. Dazu gehört auch die Steigerung der Sozialleistungen, d. h. aller jener Ausgaben, die direkt oder indirekt mit der Sozialversicherung zusammenhängen. Auch der Staat, nicht nur die Arbeitenden, hat Interesse am Wachstum des Sozialversicherungswesens. Diese Versicherungskassen, die zur Finanzierung der sozialen Sicherheit große Summen sammeln, verfügen oft über reiche liquide Mittel. Sie können dieses Kapital in Staatsanleihen anlegen. – Durch die Ausgabe von Volksaktien und ähnliche Maßnahmen legt man den Arbeitern ferner nahe, selbst Kapitalisten zu werden (vgl. Werbung in Rowohlt-Bänden).

3. Konzentration von wirtschaftlicher Macht: Monopole, Konzerne, Kartelle und politischer Herrschaft: große Koalition, Ruf nach dem starken Mann mit starken regulierenden organisatorischen Interventionen der Regierungen in die Wirtschaft zur Überwindung von Krisen, Stabilisierung durch staatlich erteilte, vor allem militärische und paramilitärische Aufträge an Wissenschaft und Industrie, wozu auch die Welt-

raumfahrt gehört, die ja vorwiegend von militärischen Stellen ausgeht. Raketen, die sich sicher auf andere Planeten richten lassen, treffen auch noch sicherer nähere, feindliche Ziele. Weiterhin gehört zur neuen Wirtschaftspolitik die Steuerung der Entwicklung des Gesamtsystems in einer mittelfristigen Planung. Dadurch sollen Krisen ganz vermeidbar werden. Gezielte Maßnahmen in diesem Gesamtrahmen garantieren die soziale Symmetrie. Bundeswirtschaftsminister *Schiller* ist in Theorie und Praxis der typische Vertreter für eine derartig orientierte Wirtschaftspolitik.

4. die wissenschaftliche und pseudowissenschaftliche Erforschung, Kontrolle und Manipulation des Verhaltens von Individuen und Gruppen, Steuerung des Unbewußten in Wirtschaft und Politik.

Auch mögliche Opposition ist in das System schon mit eingeplant und nutzbar gemacht. Sie wird außerdem geduldet, um zu zeigen wie liberal das Ganze ist. Hier zeigt sich einer der Hauptgründe, dieses System eindimensional zu nennen, *der* andere liegt in der Vorherrschaft der Zweckrationalität, in der Vorrangigkeit des rechnenden Verstandes vor der reflektierenden Vernunft.

*Marcuse*, diesem Ansatz verpflichtet, beschreibt folgende Konsequenzen:

Die Spannungen, denen der einzelne in einer solchen Gesellschaft ausgesetzt ist, beruhen nicht auf individuellen Störungen, sondern auf dem normalen Funktionieren der Gesellschaft, d. h. nicht der einzelne ist krank, sondern die Gesellschaft. Menschen in diese Gesellschaft besser einpassen, hieße sie verstümmeln. Die dabei aufgebotene Triebunterdrückung dient nicht der Entfaltung schöpferischer Kräfte, sondern dem sanktionierten Interesse am Fortbestand der etablierten Gesellschaft.

Die unterdrückten libidinösen Kräfte werden systematisch umgelenkt in die Bereiche des Konsum – erotisierte Werbung (Mischung von Busen und Apfelsinen) –, um die ununterbro-

chene Produktion und Konsumierung der Waren zu sichern, denn davon hängt die Existenz der Gesellschaft ab.
Die Bedürfnisse werden dabei standardisiert.
In den modernen Industriegesellschaften gibt es eine Tendenz, den technischen Fortschritt nicht zur Verringerung des Kampfes ums Dasein und zur Abschaffung der entfremdeten Arbeit auszunutzen. Die Besitzer der Produktionsinstrumente haben Interesse daran, den Status quo zu erhalten.
Die bei den Betroffenen erzeugte Frustration schlägt in Aggression um, die aber genau wie die libidinösen Kräfte der Produktion und Vernichtung von Waren dienen. Der Konsument ist Verbraucher.
Nach *Freuds* Ansatz binden sich im Normalfall bestimmte Quanten von Libido und Aggression, doch es gibt auch das Überwiegen des einen Triebes, je nachdem welcher es ist, obsiegt im Individuum eine Tendenz zum Leben oder zum Tod.
In den modernen Industriegesellschaften sind nach *Marcuse* Tendenzen zu erkennen, daß der Aggressionstrieb übermächtig wird. Sinnloser Überfluß und erhöhte Aggressionsbereitschaft korrespondieren miteinander. So wird die Wohlstandsgesellschaft zur kriegslüsternen Gesellschaft wie auch *Kant* schon vermutet hatte.
Indizien für dieses Aggressionspotential sind:
die Zunahme der Verbrechen, besonders der gewalttätigen, die Rocker-Banden, aber auch die aktionistische Opposition, die die Aggression gegen ihre Ursachen in der Gesellschaft wenden will, aber auch die nicht so bekannte, aber sicher große Zahl von Neurotikern, die die Aggression gegen sich selbst wenden und dabei physisch krank werden und in ständiger unbestimmter Angst leben.
Gelingt es nun dieses Aggressionspotential umzulenken, ihm neue Objekte zu schaffen, Feinde zu nennen, etwa in den kriegslüsternen sozialistischen Staaten, werden zum Schutz vor solchen Feinden erhöhte Verteidigungsanstrengungen legitimierbar, konkret also die Erhöhung des Militäretats,

was dann auch wieder der Industrie zugute kommt. Hier schließt sich ein wahrlich böser Kreis, ein Teufelskreis.

*Paul A. Baran* schreibt dazu in seinem Buch ›Politische Ökonomie des wirtschaftlichen Wachstums‹ (Neuwied u. Berlin 1966):

»Und doch ist gerade dies die Dialektik des historischen Prozesses, daß im *System des Monopolkapitalismus* die abscheulichsten und destruktiven Züge der kapitalistischen Ordnung zum eigentlichen Fundament ihres Weiterbestehens werden – ebenso wie die Sklaverei die conditio sine qua non ihrer Entstehung war.« (14 f.)

In der modernen Industriegesellschaft wird überdies Aggression zur technischen Aggression. Sie wird vermittelt durch technische Apparaturen. Das Aggressionsziel wird nicht mehr direkt vom Menschen zerstört, sondern durch ein Objekt, Geschoß, Raketen, Auto usw. Durch diese Triebabreaktion über technische Apparate wird keinerlei Befriedigung erreicht, sondern es werden neue Frustrationen erzeugt, die nach Wiederholung und Steigerung drängen. Gleichzeitig wird die Verantwortungsschwelle verschoben, nicht der Mensch hat gehandelt, sondern die Maschine: »Je mächtiger und ›technologischer‹ die Aggression sich gestaltet, um so weniger kann sie die primären Impulse befriedigen und beschwichtigen und um so stärker drängt sie nach Wiederholung.«

Außerdem entfällt die instinktähnliche Tötungshemmung, wenn der Gegner nicht mehr sichtbar ist (Bomberpilot).

*Marcuses* These von der Zunahme der Aggression wurde voll und ganz durch den Schlußbericht bestätigt, den die von der Regierung der USA unmittelbar nach der Ermordung Robert Kennedys zur Untersuchung und Bekämpfung von Verbrechen und Gewalttaten in den Vereinigten Staaten eingesetzte Kommission vorlegte.

Die Kommission ist zu dem Ergebnis gekommen, daß in jedem der vergangenen letzten acht Jahre zwischen 600 000 und 1,2 Millionen Menschen ein schweres Verbrechen begangen haben. Die Statistiken zeigen, daß der Prozentsatz von Schwerverbrechen, d. h. in erster Linie von Morden, Raubüberfällen und Vergewaltigungen, weitaus höher ist als in irgendeinem anderen Staat westlicher Zivilisation. Ähnlich liegen die Quoten für die anderen Kapitalverbrechen. Im Durchschnitt ist in den vergangenen Jahren rund jeder zweihundertste Amerikaner direkt in ein Schwerverbrechen verwickelt gewesen. Die Zahl der Morde ist in den vergangenen acht Jahren – der Bericht geht bis zum Jahr 1960 zurück und endet 1968 – um 36 Prozent, die Zahl der Vergewaltigungen um 65 Prozent, die Zahl der Raubüberfälle, die zu Tötungen oder Verletzungen führten, um 67 Prozent und die Zahl der »einfachen« Raubüberfälle um 119 Prozent gestiegen. Die meisten davon in den 26 größten Städten. Die meisten Verbrechen und Gewalttaten aller Art kommen in den Großstädten auf das Konto junger Menschen zwischen 15 und 24 Jahren, aber viele Verbrechen, besonders Raubüberfälle, werden auch von Kindern zwischen 10 und 14 Jahren verübt.

In einer Schlußfolgerung kommt die Kommission, die sicher nicht sehr links war, zur gleichen Ansicht wie *Marcuse.* New York – und viele andere Städte der USA bieten in immer stärkerem Maße das Abbild sich fremd und feindlich gegenüberstehender Klassen und Rassen. Die Kommission glaubt, wenn nicht schnell Reformen durchgeführt würden, sei ein bürgerkriegsähnliches Chaos nicht abzuwenden.

Ähnliche Tendenzen der Entwicklung sind auch für Europa und zahlreiche Ostblock-Staaten statistisch ermittelt worden.

*Empfohlene Lektüre:* Schriften von Marcuse und der Vertreter der kritischen Theorie; Marcuse u. a. 1969; Denker 1968, 1970 u. 1971 a; Strotzka 1969; Laplanche 1970; Brückner 1968; Hacker 1969 u. 1970; Mandel 1972; Jaeggi 1973; Duhm 1973; Hamacher 1973; Habermas 1973.

Wie bildet sich nun innerhalb dieser Gesellschaft die Aggressivität des einzelnen aus?
Betrachten wir zuerst die Situation in der bürgerlichen Kleinfamilie (Vater, Mutter, Kinder). Da der Vater in den meisten Familien den größten Teil des Tages außerhalb der Familie seinem Beruf nachgeht, steht die Familie tagsüber ganz unter dem Primat der Mutter. Für das Mädchen ergeben sich daraus im allgemeinen keine besonderen Schwierigkeiten. Es kann durch positive Identifizierung mit der Mutter emotional reifen (hierzu und zum folgenden bes. Parsons 1964; Marcuse 1965). Der Junge versucht auch eine Identifizierung mit der Mutter. Beim Erleben des Nichtgelingens dieser Identifizierung erfolgt möglicherweise ein Umschlag in zwanghafte Männlichkeit. Er muß hart sein und sich gegen jede Art von Zärtlichkeit zur Wehr setzen (Reaktionsbildung).
Die Mutter wird auch zur entscheidenden Sozialisationsinstanz. Sie vermittelt in ihrer Erziehung die gesellschaftlichen Normen. Die Auflehnung gegen die Mutter wird darum auch zur Auflehnung gegen die gesellschaftlichen Normen, die sie vermittelt. Es entsteht ein antisozialer Affekt, den die Mutter vielleicht sogar bewundert. In dieser Art der Entwicklung bildet sich ein großes Reservoir aggressiver Dispositionen, die in den meisten Familien nur sehr zum Teil ausgelebt werden können. Das meiste muß verdrängt werden. Dabei nimmt die Aggressivität einen unbewußten, freiflottierenden Charakter an und kann so gegen beliebige Sündenböcke außerhalb der Familie mobilisiert werden.
Dieses durch die gesellschaftliche Arbeitsteilung bedingte Familienmilieu schafft einen Typ von jungem, forschem, aber infantil ich-schwachem Mann, mit einer Tendenz zum kalten sich Durchsetzen und der heimlichen Verherrlichung von Gewalttätigkeit, die mit Männlichkeit verwechselt wird. Der

junge Mann spürt in sich ein Gefühl der Überlegenheit, dem sich andere unterordnen sollen. Das löst Frustration in jenen aus, denen das zugemutet wird. Diese wieder erzeugt Aggression gegen diese sich überlegen Gebenden, was wieder deren aggressive Reaktion auslöst usw.

Diese Art der Männlichkeit wird auch durch die Massenmedien suggeriert, die heute von früh auf den jungen Menschen unterschwellig mitbeeinflussen und direkt ohne Auseinandersetzung mit dem Vater das Über-Ich prägen.

Die in der Familie wider Willen produzierte Aggressivität geht zusammen mit nervöser Überempfindlichkeit und Mangel an Vertrauen in die Ehrlichkeit der Absichten anderer. Es besteht immer die latente Furcht, hintergangen werden zu können, oder gar einer Verschwörung von Neidern, bzw. Konkurrenten usw. zum Opfer zu fallen. Der jugendliche Protest hat hier sicher einer seiner prägenden Ursachen.

Das Berufssystem steht heute ganz unter dem Diktat des funktionellen Leistungsprinzips. Die Berufsarbeit findet dabei in einer von den übrigen Lebensbereichen isolierten, die Vitalität beengenden Sphäre statt. In ihr herrscht eine unpersönliche Atmosphäre paramilitärischer Disziplin.

Der Aufstieg erfolgt in einem selektiven Leistungswettbewerb, dessen Bedingungen nicht offen zutage liegen, was zur kalten Berechnung und gezielten Ausschaltung von Mitbewerbern führt.

Jeder spielt eine ohne ihn festgelegte Rolle und nimmt immer eine ganz bestimmte Position in der Prestige-Hierarchie ein. Ein geringer Prozentsatz der in der frustrierenden Berufsarbeit entstehenden Aggressivität kann in diesem Leistungswettbewerb in sublimierter Form abreagiert werden. Den meisten Teilnehmern des Wettbewerbs kommt aber die Rolle zu, gute Verlierer zu sein. Ärger und Enttäuschung, zumal wenn der andere durch nicht rationale Kriterien Sieger wurde, müssen unterdrückt werden.

Die meiste innerhalb der Berufssphäre aufkommende

Aggressivität kann auch in diesem Falle, dort wo sie entsteht, nicht ausgelebt oder sublimiert nutzbar gemacht werden. Mancher bringt sie nach Feierabend mit nach Hause, und läßt sie, so gut es geht, an Familienmitgliedern oder anderen Bezugspersonen aus. Der Rest ist zu beliebiger Kanalisierung zunächst verdrängt.

Ein nicht zu unterschätzendes Quantum der aus Frustration resultierenden Aggressivität entsteht auch aus der nur Partialfähigkeiten in Anspruch nehmenden und darum entfremdeten Arbeit.

Mit dem schnellen Fortschritt wissenschaftlicher Erkenntnis findet eine ständige Veränderung der Produktionsbereiche statt und in ihrem Gefolge auch eine gesellschaftlicher Verhältnisse und Institutionen. Das führt für den einzelnen nicht selten zu Anpassungsschwierigkeiten und Angst, zumal erfahrungsgemäß jeder nur in gewissen Grenzen zu emotionalen Umorientierungen fähig ist. Vor allem werden oft persönlich wichtige informelle Sozialkontakte zerstört und neue Formen der Zusammenarbeit erzwungen.

Das hat gerade bei anpassungsschwachen Menschen oft krampfhaftes Festhalten an überkommenen Gewohnheiten, Einstellungen und Wertungen zur Folge, mit einem daraus resultierenden Haß gegen das Neue, die technisch-wissenschaftliche Rationalität, aus der es heute vorwiegend folgt, überhaupt. Das Neue ist also nicht nur des Alten Feind. –

Andere Menschen wieder, die mit den Veränderungen ihren sozialen Aufstieg beginnen, dagegen bekämpfen die alten Werte als überholt, rückständig, dumm, reaktionär usw., so daß eine Polarisierung der Gesellschaft einsetzt oder eine in Teilbereichen der Gesamtgesellschaft. Die Anhänger der einzelnen Richtungen formieren bzw. organisieren sich zu Bünden oder Kampfverbänden mit starker Solidarität nach innen (– die Gruppe als Muttterersatz) bei gleichzeitiger Lenkung der aggressiven Spannungen nach außen, gegen die Anderen, die Fremdgruppen, das Fremde überhaupt. – Oft besteht das nur in einer leichten Abweichung von der Norm (etwas längere Haare).

Es gibt aber auch Identifizierungen mit Großgruppen, wie z. B. dem eigenen Staat in überlegener Distanzierung zu anderen als Feindstaaten und gleichzeitiger Verbindung mit befreundeten Nachbarstaaten: Die sozialistische Gefahr aus dem Osten bedroht die freiheitlichen westlichen Demokratien. Möglicherweise kommt noch Böseres aus noch fernerem Osten. Man sprach von China und schwieg noch sehr von Indien.

Durch diese Steuerung der Aggressivität in die und in der großen Politik lassen sich innergesellschaftliche Gruppenkonflikte bremsen und so beherrschen.

Besonders gefährlich wird diese unter gesellschaftlichem Druck der gegenwärtigen Staaten erzeugte Entmischung von Libido und Aggression dann, wenn beiden Trieben durch überformende Ideologie vorwiegend von den, die monopolisierte Gewalt verwaltenden Machthabern divergierende Objekte und Ziele suggeriert werden, unter Rechtfertigung immer schon vorhandener Vorurteile. Durch jahrhundertelange Tradition gewöhnt, Autoritäten blindlings zu gehorchen, in einer Mischung aus Angst und falscher Bewunderung, ist es heute für sich charismatisch gebende Demagogen immer noch leicht, das von ihnen vertretene Teil-Gruppeninteresse als Interesse der Gesamtgesellschaft auszugeben, die es als höchstes Gut zu lieben und zu verteidigen gilt gegen abweichende Minderheiten, die anderes denken, Kritik üben oder womöglich nur etwas anders aussehen (gerade kleine Differenzen lassen sich, wie schon *Freud* aufdeckte, aggressiv besetzen); sie werden als Sündenböcke und damit als Feinde aufgebaut, ihnen die Menschenwürde bzw. -ähnlichkeit abgesprochen, indem man sie als Tiere, Schweine oder noch kleinere Lebewesen wie Wanzen charakterisiert, wenn man es nicht vorzieht, sie in der Seinsordnung noch tiefer anzusiedeln, etwa als Schmutz oder Abschaum. Das können heute die Studenten sein und die Gastarbeiter, früher waren es vor allem die Juden, es kann aber auch die Feuerwehr beschuldigt werden oder der Nachbar mit dem Bart.

Neben dieser ständig drohenden Gefahr im Innern wird sehr intensiv die Bedrohung von außen ausgemalt.

Es wird behauptet, die Zeichen stünden auf Sturm, andere Staaten trachteten nach unserer Vernichtung. Das sind für uns weithin noch im Gefolge des Antikommunismus aus der Zeit des kalten Krieges die Staaten des Ostblocks oder aber, wie Kiesinger als Variante dazu im Wahlkampf behauptet – die Chinesen, wobei er, wie er betont, noch gar nicht von den Indern spricht. So heißt es in einer Meldung der Frankfurter Rundschau vom 18. 8. 1969: »Die Notwendigkeit militärischer Stärke für den Westen angesichts einer wachsenden Bedrohung aus dem Osten hat Bundeskanzler Kurt Georg Kiesinger am Wochenende zu Beginn seines Wahlkampfes betont. Bei Ansprachen in verschiedenen Orten seines Wahlkreises Waldshut... sagte Kiesinger..., zu der Gefahr von der Sowjetunion werde die von China kommen. Es sei damit zu rechnen, daß China in zehn Jahren eine Milliarde Einwohner habe und über alle modernen Massenvernichtungswaffen verfügen werde, darunter auch Interkontinentalraketen.« Gegenüber dieser Bedrohung könne der Westen nur bestehen, wenn sich Europa auch politisch einige und mit den USA verbündet bleibe. »Keine Macht darf der freien Welt überlegen sein«, forderte der damalige Kanzler, der aber hier als CDU-Mann sprach und natürlich die militärische Überlegenheit meinte.

Die Glaubwürdigkeit einer solchen Konstruktion scheint unerschütterbar, wenn zwischen den Bedrohern der Sicherheit im Inneren der Gesamtgruppe – einer kleinen, radikalen Minderheit – auch noch eine Beziehung mit dem äußeren Feind hergestellt werden kann, z. B. die linken Studenten werden von Ost-Berlin, Moskau oder Peking finanziert, oder früher, die Juden sind Agenten des Weltjudentums usw.

Solche suggestive ideologische Steuerung wird noch dadurch ganz besonders begünstigt, daß das Individuum, einzeln angesprochen, sie in der Masse der Mithingerissenen erlebt, in der, wie in der Sozialpsychologie erkannt wurde, das kritische Denken zugunsten von Emotion und Erregung abnimmt.

Solche Mischung aus Triebkräften und Dummheit, wie *Mitscherlich* sagen würde, unter Aufladung von entmischten Grundtrieben, kritisch aufzusprengen, ist schwer, muß aber in der Tradition von Aufklärung Aufgabe zur Befreiung des Menschen sein, im Sinne einer Gegenstrategie, die solche Theorien vertretenden verlogenen Autoritäten den Kampf ansagt und gleichzeitig die Solidarität der Elenden, Verfolgten, Erniedrigten und Beleidigten sucht. Der Abbau der falschen Triebziele geschieht dabei aber wahrscheinlich leichter, wenn die Triebe umorientiert werden, wenn vor allem der Sexualtrieb nicht mehr unbefriedigt in einer sexualisierten Konsum-Welt eine Scheinbefriedigung erfährt, sondern wirklich befriedigt wird. Erfahrungsgemäß mindert sich mit befriedigter Liebe die Aggression.

Verbleibenden Überschuß an Aggression will z. B. *Marcuse* neu sublimiert wissen. Zum Umbau der Wohlstandsgesellschaften, die solchen im voraus geschilderten Haltungen Vorschub und Nahrung geben und in der Aktivierung technischer Kräfte zum Kampf gegen das Elend in der Gesellschaft und zur Bändigung der Natur, so wie auch der Chirurg zum Messer greift, nicht zur Tötung des Patienten, sondern zu seinem Wohl.

*Empfohlene Lektüre:* Parsons 1964; Marcuse 1965; Reiche 1969; Holzer (o. J.); Ussel 1970; Schwanenberg 1971; Böckelmann 1971; Caesar 1972; Denker 1974; Ullmann 1974; Devereux 1974; Riemann 1975.

## Latenter Faschismus? –
## Experimente mit der Aggressionsmaschine – Milgram

Lassen sich diese Aggressionspotentiale experimentell nachweisen? Vielleicht geben uns die Experimente mit der sogenannten Aggressionsmaschine darauf eine Antwort. Es sind wohl die exaktesten Experimente, die in der Aggressionsforschung überhaupt gemacht wurden, aber vielleicht gleichzeitig auch die fragwürdigsten, die bisher in der Psychologie durchgeführt wurden.

Problematischer als das Verhalten der Versuchspersonen ist dabei womöglich das derjenigen, die diese Experimente durchführen, denn sie locken Versuchspersonen als Opfer in eine tückische, für sie offenbar auch nicht ganz verständliche Situation.

Das Experiment ist in gewisser Hinsicht ein Modell unserer vertrackten, technisch organisierten Gesellschaft, in der von unpersönlich-sachlichen Apparaten eine Objektivität suggeriert wird, mit der Menschen schalten und in die sie Menschen einschalten, um für sich selbst optimale Effekte zu erzielen.

Jeder Krieg wird in gleicher Weise bewirkt durch Autoritäten, die einer abhängigen Menge von Menschen befehlen, eine Menge von anderen Menschen zu vernichten. Alle organisierte Feindseligkeit kann als Variation über die drei Elementareinheiten Autorität, Ausführende und Opfer betrachtet werden.

An der Yale-Universität wurde ein Versuchsprogramm durchgeführt, in dem Stanley *Milgram* und Mitarbeiter diese Dreierkonstellation mit experimentellen Mitteln erforschten. In diesen Versuchen wurde eine der Wirklichkeit analoge Situation konstruiert, die in der Versuchssprache ausgedrückt so lautet:

»Wenn ein Versuchsleiter einer Versuchsperson aufträgt, eine andere Person zu verletzen, unter welchen Bedingungen wird dann die Versuchsperson dieser Anweisung Folge leisten, und unter welchen Bedingungen wird sie den Gehorsam verweigern?«

Wenn die Versuchsperson den Befehlen des Versuchsleiters folgt, werden wir sagen, sie gehorcht ihm und, wenn die Versuchsperson den Befehlen des Versuchsleiters nicht nachkommt, daß sie ihm den Gehorsam verweigert, ihm trotzt. Die Ausdrücke Gehorchen bzw. Nichtgehorchen beziehen sich dabei nur auf das äußere Tun der Versuchspersonen, sagen aber nichts über die Motive oder Erfahrungszustände aus, die es begleiten.

Das Kernstück des Versuchs ist die Ermittlung der Größe eines elektrischen Schocks, den eine Versuchsperson einer anderen beibringt, wenn ihr vom Versuchsleiter befohlen wird, das Opfer zunehmend strenger zu bestrafen. Die Erteilung der Schocks ist in den Rahmen eines Lernversuchs einbezogen, der vorgeblich zum Studium der Wirkung der Strafe auf die Erinnerungsleistung angestellt wird. Außer dem Versuchsleiter nehmen eine gutgläubige, aber ahnungslose Versuchsperson, und eine mit dem Versuchsleiter in Absprache stehende Person (Versuchshelfer) an jeder Sitzung teil. Der Versuchsleiter teilt ihr mit, daß ein Teilnehmer jeweils eines Paares Lehrer, und das andere Lernender sein soll, um den Einfluß von Strafe aufs Gedächtnis zu untersuchen. Zum Schein wird eine Auslosung vorgenommen, und zwar so, daß die naive Versuchsperson immer der Lehrer ist und der Versuchshelfer zum Lernenden wird.

Der Lernende wird in einem Nebenraum in eine Art elektrischen Stuhl geschnallt.

Der naiven Versuchsperson (im folgenden Lehrer genannt) wird gesagt, es sei ihre Aufgabe, den Lernenden eine Liste von Assoziationspaaren zu lehren, ihn nach dieser Liste zu prüfen und jedesmal Strafe anzuwenden, wenn der Lernende einen Fehler macht. Die Bestrafung erfolgt als Elektroschock, den der Lehrer mit einem Schockgenerator ausführt. Er wird angewiesen, bei jedem weiteren Fehler um eine Stufe auf dem

Generator zu erhöhen. Gemäß der Versuchsanordnung gibt der Lernende viele falsche Antworten, so daß der Lehrer ihm bald den stärksten Schock des Generators geben muß. Den Schockerhöhungen entsprechen zunehmend nachdrücklichere (durch Verwendung eines Tonbandes standardisierte) Forderungen des Lernenden, den Versuch abzubrechen, weil damit für ihn wachsendes Unbehagen verbunden sei. Aber der Versuchsleiter befiehlt dem Lehrer, die Proteste des Lernenden nicht zu beachten und das Verfahren fortzusetzen.

Der Lehrer ist also einem schwierigen Konflikt ausgesetzt. Er kann fortfahren, den Befehlen des Versuchsleiters zu folgen und den Lernenden zunehmend stärker zu schocken, oder er kann sich weigern, den Befehlen des Versuchsleiters zu gehorchen und den Bitten des Lernenden nachgeben.

Bei der Durchführung wurden die Experimente in zweierlei Hinsicht variiert:

1. wurde die Entfernung zum Opfer in 4 Stufen verändert,
2. wurde die Nähe zur Autorität des Versuchsleiters in verschiedenen Stufen geändert und jedesmal wurden neue Ergebnisse ermittelt.

Zu 1. *Distanz zum Opfer*

In 4 experimentellen Versuchsanordnungen wurde der Lernende dem Lehrer »psychologisch« nähergebracht.

1. Schwache Rückmeldung. Der Lernende befand sich in einem Nebenraum und konnte vom Lehrer nicht gehört und gesehen werden, außer daß der Lernende beim 300-Volt-Schock an die Wand hämmerte. Über 315 Volt hinaus antwortete er nicht mehr auf die Lerntestfragen.

2. Sprachliche Rückmeldung. Die Anordnung blieb wie im ersten Fall, nur wurden jetzt verbale Proteste eingeführt. Die Proteste konnten durch die geöffnete Tür zwischen den Experimentierräumen und durch die Wand gehört werden.

3. Nähe – Lernender im gleichen Raum. Das Opfer sitzt in einem halben Meter Entfernung vom Lehrer. Der Lernende ist hör- und sehbar.

4. Berührungsnähe. Die Situation blieb wie im Fall 3, nur mit dem Unterschied, daß der Lernende einen Schock nur dann erhielt, wenn seine Hand auf einer elektrisierten Platte ruhte. Auf der Stufe von 150 Volt verlangte der Lernende wieder, freigelassen zu werden und weigerte sich, bei dieser Versuchsbedingung die Hand weiter auf die Schockplatte zu legen. Der Versuchsleiter befahl dann dem Lehrer, die Hand des Lernenden auf die Platte zu zwingen. Gehorsam bedeutet in diesem Fall, daß der Lehrer physischen Kontakt mit dem Lernenden aufnehmen muß, um eine Strafe über 150 Volt auszuteilen.

40 erwachsene Versuchspersonen wurden unter jeder dieser Bedingungen (als Lehrer) getestet. Die Ergebnisse zeigten signifikant, daß der Gehorsam in dem Maße sank, wie der Lernende in unmittelbare Nähe zum Lehrer gebracht wurde. Nur 34 % der Versuchspersonen trotzten dem Versuchsleiter bei Situation 1 – schwache Rückmeldung, d. h. also gleichzeitig 66 % der Versuchspersonen waren bereit, ihren Opfern bei einem Fehler in der Lernsituation tödliche Schocks zu erteilen. – Bei der der Wiederholung dieser Experimente im Münchener Max-Planck-Institut ergab sich für deutsche Versuchspersonen sogar eine Quote von 86 %. (Spiegel vom 28. September 1970, 247)

37,5 % trotzten bei Situation 2 – sprachliche Rückmeldung, oder anders, *62,5 %* erteilten tödliche Schocks.

60 % trotzten immerhin schon bei Situation 3 – räumliche Nähe –, d. h. auch, nur noch 40 % erteilten tödliche Schocks. Und schließlich in Situation 4 – Berührungsnähe trotzten 70 %, d. h. auch, nur noch 30 % teilten todbringende Schocks aus.

Versuchen wir nun diese Ergebnisse zu interpretieren, wäre als erstes zu sagen, daß der Mensch ganz eindeutig ein Wesen der Nähe ist.

Unter den Bedingungen 1 und 2 – schwache Rückmeldung und sprachliche Rückmeldung – ist das Leiden des Opfers der

Versuchsperson abstrakt und fern. Es mag ihr wohl begrifflich klar sein, daß sie einem anderen Menschen Schmerz zufügt, gefühlsmäßig bleibt sie aber unbeteiligt. Auf dieses Faktum hatten auch *Freud* und *Lorenz* hingewiesen. Es gilt ganz allgemein. Der Bomberpilot, um nur ein Beispiel zu geben, weiß, daß seine verheerend wirkenden Bomben anderen Menschen Leiden und Tod bringen, aber dieses Wissen ist ohne Gefühlsbegleitung, weil der Handelnde die Folgen seines Tuns nicht sieht. Nach *Milgram* kann es sehr wohl sein, daß die mit dem Leiden des Opfers verbundenen visuellen Zeichen erst in der Versuchsperson Einfühlungsreaktionen auslösen und ihm erst dann ein sicheres Verständnis der Leiden des Opfers möglich ist. Das wird durch die Aussage einer Versuchsperson bestätigt:

»Es ist komisch, wie man wirklich anfängt zu vergessen, daß da ein Kerl draußen ist, selbst wenn man ihn hören kann. Für lange Zeit konzentrierte ich mich gerade nur darauf, die Schalter zu drücken und die Worte zu lesen.«

Ferner ist zu bemerken, daß unter den Versuchssituationen der Nähe nicht nur die Versuchsperson das Opfer und seine Leiden sieht, sondern daß umgekehrt auch die Versuchsperson nun dem aus nächster Nähe prüfenden Blick des Opfers ausgesetzt ist. Möglicherweise kann man einem anderen Menschen leichter weh tun, wenn er nicht in der Lage ist, unsere Handlung zu beobachten. Unter dem harten Blick des Opfers können im Handelnden Scham- und Schuldgefühle aufkommen, die sein Handeln beeinflussen oder hemmen. Erinnert sei in diesem Zusammenhang an die großartigen Ausführungen *Sartres* in seinen philosophischen Schriften und seinen Theaterstücken, nach denen ein Mensch durch den Blick des anderen gestellt und auch entlarvt wird.

Die Experimente sind aber auch noch unter dem Gesichtspunkt der Gruppenbildung zu betrachten. Versuchssituation 1 und 2, in denen sich das Opfer in einem anderen Raum befindet, entfernt dieses nicht nur von der Versuchsperson, sondern bringt gleichzeitig Versuchsleiter und Versuchsperson näher zusammen. Eine Gruppenbildung zwischen Versuchsleiter und Versuchsperson setzt ein, von der das Opfer ausgeschlossen ist. Das Opfer hinter der Wand ist in diesen Situationen wirklich ein Außenseiter, der physisch und psychisch allein ist.

Wenn das Opfer sich dagegen im gleichen Raum wie die Versuchsperson befindet, Versuchsanordnungen 3 und 4, wird es leichter, daß sich die beiden gegen den Versuchsleiter verbünden. Die Versuchsperson steht dem Versuchsleiter nicht mehr allein gegenüber, sondern findet im Opfer möglicherweise einen Verbündeten, der sofort bereit ist, mit gegen den Versuchsleiter zu revoltieren. So kann möglicherweise die Änderung der räumlichen Beziehung zu einem Wechsel der Bündnisverhältnisse führen. Auf die Konsequenzen für die gesellschaftliche Praxis, die sich aus diesen Ergebnissen ziehen lassen, will ich eingehen, nachdem auch noch über den zweiten Teil der experimentellen Variationen gesprochen worden ist, in denen die Nähe zur Autorität Mittelpunkt des Interesses ist.

Zu 2. *Nähe zur Autorität*

Wenn, wie wir sahen, die Nähe des Opfers (Lernenden) zur Versuchsperson (Lehrer) so wichtig für ihr Verhalten ist, spielt dann auch die Nähe zur Autorität eine entscheidende Rolle für das Maß des Gehorsams? Um die Frage zu beantworten, wurden in einer Reihe von Experimenten die physische Nähe und der Grad der Überwachung durch den Versuchsleiter variiert.

Bei einer der Versuchsanordnungen saß der Versuchsleiter nur einige Schritt vom Lehrer entfernt. Bei einer zweiten Anordnung verließ der Versuchsleiter nach Erteilung erster Instruktionen den Versuchsraum und gab seine weiteren Anweisungen über das Telefon, in einer dritten Anordnung schließlich war der Versuchsleiter überhaupt nicht sichtbar und gab seine Instruktionen durch eine Tonbandaufnahme.

Der Gehorsam sank drastisch mit der physischen Entfernung des Versuchsleiters vom Versuchsraum. Die Zahl der gehorsamen Lehrer war unter der ersten Anordnung (Gegenwart des Versuchsleiters) fast dreimal so groß wie unter der zweiten, wenn der Leiter die Anweisungen übers Telefon gab. Daraus ergibt sich folgender Schluß:

Die Lehrer vermochten anscheinend eine weit festere Stellung gegenüber dem Versuchsleiter einzunehmen, wenn sie ihm nicht Auge in Auge begegneten. Außerdem ergaben sich noch interessante Nebenerscheinungen, wenn der Versuchsleiter abwesend war. Einige fingen an zu mogeln, wie durch Registrationsgeräte festgestellt werden konnte. Sie behaupteten instruktionsgemäß zu handeln, teilten aber heimlich niedrigere Schocks aus als vorgeschrieben. Die Versuchspersonen unterminierten durch solches Verhalten ganz eindeutig den Zweck des Versuches, fanden es aber offenbar leichter, die Autorität zu belügen, als ihr den Gehorsam zu verweigern. Das wichtigste Ergebnis dieser Variationen der Autoritätsnähe liegt, das sei zusammenfassend noch einmal gesagt, darin, daß der Gehorsam gegenüber destruktiven Befehlen in hohem Maße von der physischen Nähe der Autorität abhängig ist.

Abschließend sind noch einige Worte zum Aspekt der Hintergrundsautorität, bzw. der institutionellen Macht nötig, die auf die Experimentalsituation von Einfluß ist. Die bisher beschriebenen Experimente wurden an der Yale-Universität durchgeführt, einer Institution, welche den Versuchspersonen Achtung, zuweilen sogar Ehrfurcht abnötigt. Die Teilnehmer bestätigten auf Befragung, daß sie durch diesen institutionellen Rahmen bedingungsloses Vertrauen in den Versuchsleiter setzten. Um zu prüfen, ob das wirklich stimmte, wurde eine zweite Serie von Versuchen nach Bridgeport verlegt und dort von einer wenig Eindruck machenden Schein-Firma in einem leicht heruntergekommenen Bürogebäude durchgeführt. Der Name dieser Firma war an der Orientierungstafel des Hauses angebracht, sonst fehlte jeder Hinweis auf die Kompetenz der Firma. Die Ergebnisse weichen zwar von denen an der Yale-Universität ab, aber nicht in dem Maße wie vermutet worden war. Fast die Hälfte der Versuchspersonen gehorchte dem Versuchsleiter völlig.

*Milgram* zieht daraus den Schluß, daß schädigende oder zerstörerische Befehle, sollen sie als legitim gelten können, zwar in einen institutionellen Rahmen einbezogen sein müssen, daß aber schon eine nicht besonders angesehene und nicht ausgezeichnete Institution völlig ausreicht.

*Milgram* ist von seinen eigenen Versuchsergebnissen erschüttert. Er schreibt am Schluß seiner Abhandlung:

»Die Ergebnisse . . . beunruhigen den Verfasser. Sie lassen die Möglichkeit aufscheinen, daß von der menschlichen Natur nicht erwartet werden kann, daß sie ihren Bürgern vor brutaler und unmenschlicher Behandlung auf Anweisung einer böswilligen Autorität Schutz böte. Die Leute tun zu einem wesentlichen Teil, was ihnen gesagt wird, ungeachtet des Inhalts der Handlung und ohne Gewissenseinschränkungen, solange wie sie den Befehl als von einer legitimierten Autorität kommen sehen. Wenn in dieser Studie ein anonymer Experimentator erfolgreich Erwachsenen befehlen konnte, einen fünfzigjährigen Mann ins Joch und ihm schmerzhafte Elektroschocks gegen seine Proteste aufzuzwingen, kann man sich nicht mehr wundern, was eine Regierung – mit weit größerer Autorität und Prestige – ihren Untertanen befehlen kann . . .«

Sind Menschen, die in einem Experiment auf Befehl so skrupellos auf andere Menschen einwirken, die potentiellen KZ-Schergen von morgen? Nein! Sie würden es erst, wenn ihre latenten Bereitschaften ideologisch konsequent in einer Krisensituation von charismatischen Führern nach rechts gelenkt würden, oder durch Gruppenideen hochfliegender Art. Ist unsere Gesellschaft gegen solche Gefährdungen gefeit? Nein! (Vgl. Adorno 1970)

Läßt sich gegen solche Gefährdungen wirklich etwas tun? Ich glaube gerade die *Milgram*schen Experimente geben in dieser Hinsicht Bestätigungen zu Vorschlägen, die *Freud, Reich, Marcuse, Fromm* und andere auch gelegentlich gemacht hatten.

## Folgerungen

In sieben Punkten will ich Hinweise für pädagogische und politische Praxis ableiten:

1. Die in den Versuchspersonen sich abspielenden emotionalen und affektiven Vorgänge reichen bei diesen höchstens in die vorbewußte Sphäre des Bewußtseins, wie sonst solche Reaktionen im Alltag auch. Aufgabe von Pädagogik, Politik und Psychoanalyse muß es sein, diese Mechanismen bewußt zu machen, damit sie beherrschbar werden. Das bisher nur unbewußte, vorbewußte oder Verdrängte muß in Prozessen der Reflexion aufgearbeitet werden. »Die *Verdrängung* wird durch eine mit den besten Mitteln durchgeführte *Verurteilung* ersetzt.« (Freud VIII 57) Später wird von *Freud* die Aufgabe dieser Aufklärung, Beurteilung und Verurteilung in dem lapidaren Satz zusammengefaßt: »Wo Es war; soll ich werden.« (XV 86) Alle Erfolgschancen hängen von dem Optimismus ab, daß das grundsätzlich möglich ist.
Nicht von den großen Konstrukteuren des Artenwandels oder der Himmelsmacht des Eros ist die Beherrschung menschlichen Verhaltens zu erwarten, sondern nur von der menschlichen Aktivität in Prozessen kritischer Aufklärung, die zum Ziel haben, die falschen Formen der Verdrängung und Abwehr aufzudecken, um ihre Inhalte in neuer, vernünftiger Weise auszuleben, umzufunktionieren und wo nötig, zu sublimieren.

2. Mancher, der diese Experimente kennenlernt, wird wohl wie *Milgram* selber beunruhigt sein, wie blindlings Versuchs-

personen der Autorität, und selbst einer fragwürdigen Institution, Gehorsam leisten. Daraus ergibt sich die Konsequenz, kritisches Bewußtsein gegen alle mächtigen Autoritäten, die nicht Sachautoritäten sind, und einflußreiche Institutionen wachzurufen, selbst wenn sie durch Paragraphen des Rechts legitimiert erscheinen. Sie sind geschichtlich geworden und haben darum nicht Anspruch auf zeitlose Gültigkeit.

Unumgänglich ist auch eine ebenso kritische Aufklärung über die unbewußt wirkende, zwanghaft verinnerlichte Exekutive der Sozialnormen.

Die Gesamtabsicht ließe sich mit *Freuds* Formulierung der therapeutischen Bemühungen der Psychoanalyse so zusammenfassen:

». . . das Ich zu stärken, es vom Über-Ich unabhängiger zu machen, sein Wahrnehmungsfeld zu erweitern und seine Organisation auszubauen, so daß es sich neue Stücke des Es aneignen kann. Wo Es war; soll Ich werden.« (XV 86)

In der Theorienbildung käme es darauf an, den Zusammenhang mit anderen Phänomenen herauszuarbeiten, wie Angst, Tabus, Selbstvernichtung, Rufmord, autoritäres Verhalten, Fanatismus, Vorurteil, Antisemitismus, Ethnozentrismus, Irrationalismus, persönliche und gesellschaftliche Konflikte usw.

Es ist nicht damit getan, die falsche Unterdrückung der libidinösen Kräfte aufzuheben wie H. *Marcuse, Brown* und *Mitscherlich* im Anschluß an *Freud* fordern, sondern es kommt darauf an, auch die bisher nicht genau untersuchten Formen der Verdrängung und Abwehr des – zu entmythologisierenden – Todestriebes aufzudecken und den Kampf gegen den dann erkennbar werdenden menschenverschuldeten, vermeidbaren unzeitigen Tod aufzunehmen.

Die Menschen haben bisher den Tod nur verschieden abgewehrt, nicht aber den Kampf gegen ihn aufgenommen. Unter Einsatz aller der moderenen Wissenschaft und Technik möglichen Mittel ist dies der erste, leichter beschreitbare Weg.

Vielleicht entfalten sich die menschenfreundlichen Kräfte dann ganz von selbst.
Es ist nicht unwahrscheinlich, daß zukünftiges Glück für alle Menschen nur auf diese indirekte Weise zu verwirklichen ist.

3. Besonders auffällig sind in diesen Experimenten die Phänomene der Nähe. Wirksam für die Erwägungen des angebrachten Gehorsams wären in diesem Zusammenhang Maßnahmen, die Nähe zu allen möglicherweise Verfolg- bzw. Unterdrückbaren schaffen, Sympathie für Minderheiten, Solidarität mit potentialen Opfern.

4. Wichtig sind Gruppenbildungen, in die die Schwachen und Verfolgbaren einzubeziehen sind, oder in denen sie sich selbst zusammenfinden. Hier muß ich noch einmal auf die Experimente hinweisen. In Abwandlung der ursprünglichen Experimente wurden später Versuche durchgeführt, wie sich Gruppenbildungen auf das Verhalten der Versuchspersonen auswirken, ausgehend von der Feststellung, daß Gruppenkräfte doch tiefgreifenden Einfluß auf das Reagieren gegenüber Autoritäten haben.
Man ließ deshalb die Versuchsperson (Lehrer) in der Mitte von ›Schauspielern‹ agieren, von denen der Lehrer aber nicht wußte, daß sie vom Versuchsleiter bestellt waren. In einem der Experimente brachen zwei der Helfer das Experiment in der Mitte ab. Wenn das geschah, folgten 90% diesem Beispiel und trotzten dem Versuchsleiter. Im unmittelbaren Bewußtsein, nicht allein zu sein, hatten die ›Lehrer‹ also eher den Mut, ungehorsam zu sein.

5. Die Ermunterung zum Ungehorsam erfolgte in diesen Gruppenexperimenten am ehesten durch passiven Widerstand der ›Schauspieler‹, nicht aber gleicherweise durch lauten Protest. Auch hieraus sind Konsequenzen für gesellschaftskritisches Handeln unmittelbar einleuchtend.

6. Der in diesen Experimenten auffallende blinde Gehorsam gegen fragwürdige Autoritäten und fragwürdige Institutio-

nen ist natürlich durch Erziehung mitbedingt. Von klein auf werden wir erzogen, Eltern, Lehrern usw. zu gehorchen und uns unserer Umgebung ohne Widerstände anzupassen. Darum haben wir so selten den Mut, uns unseres eigenen Verstandes ohne fremde Leitung zu bedienen. Nach *Kant* war aber gerade das der Kampfruf der Aufklärung und das Prinzip des Fortschritts auf dem Wege zur Freiheit.

Die Ermunterung zum Ungehorsam mit Gründen eigenständiger Entscheidungen ist ein pädagogisches Prinzip einer modernen, offenen Gesellschaft.

7. Die Demokratie spielt sich bei uns immer noch zu sehr im für den einzelnen zu abstrakten politischen Großbereich ab. Sie findet immer noch zu sehr nur in Bonn statt. Sie fehlt in den Bereichen des unmittelbaren gesellschaftlichen Zusammenlebens, in der Familie, in der Schule, in der Universität, am Arbeitsplatz, im Sport usw. Die sozialen Bindungen des einzelnen verlaufen immer noch zu sehr über öffentliche Instanzen und eingesetzte Vertreter der Institutionen, es fehlen die unmittelbaren Querbezüge des einzelnen zu anderen.

Ohne die Verwirklichung der Demokratie in der Demokratie mit einer Diskussion über alle, alle angehende Fragen leben wir in einer entfremdeten Gesellschaft, in der das Leben und die Arbeit keinen Spaß machen, weil sie verfügt werden und nicht aus wirklicher Zusammenarbeit kommen und darum kein Zusammenleben sich schöpferisch entfalten lassen.

Die Verwirklichung dieser Demokratie innerhalb eines der Verfassung nach demokratischen Staates ist bis heute noch immer eine revolutionäre Forderung, die auf dem Wege von verbaler Aufklärung allein nicht einlösbar scheint. Die Menschen müssen offenbar aufgerüttelt werden, bis sie lieber der Autorität der Vernunft vertrauen als blindlings der Vernunft der Autorität sich unterwerfen.

Ein langer Weg durch die Institutionen und mitmenschlichen Bereiche wird nötig sein, zum Zwecke einer permanenten in den Schritten konsequent aufeinander bezogenen Revolutionierung des Zusammenlebens. Dies ist eine Revolution, die unterwegs schon Spaß machen soll, um es ganz unphilosophisch auszudrücken, aber dieser Spaß darf nicht auf Kosten anderer gehen, und da wird es schon wieder sehr philosophisch. Humor und Humanismus haben sich irgendwann einmal aus dem Auge verloren, hoffen wir, daß sie sich eines Tages wiederfinden, um sich zu wahrer Menschenfreundlichkeit zu vereinen.

*Empfohlene Lektüre:* Milgram 1967; Naumann 1970; Lippitt 1940; Denker 1968 a u. b; Baumgarten 1968; Adorno 1970; Röhrs 1970; Denker 1973 u. 1974; Habermas 1974; Milgram 1974; Fromm 1974; Horn, Luhmann, Narr u. a. 1974; Galtung 1975.

## Fünf Thesen für die Diskussion

1. Frustrations-Aggressions-Hypothese *(Yale-Schule)* und Trieb-Theorie *(Freud, Mitscherlich, Lorenz* u. a.) geben in ihrer bisherigen Konzeption keine zufriedenstellende Lösung des Aggressions-Problems.
Deutet die Frustrations-Aggressions-Theorie die Aggression wegen zu geringer Berücksichtigung der Todesbedrohtheit und -bedrohung des Menschen zu harmlos, hindert die zu starke biologische Ausrichtung die Trieb-Theorie an Einsicht in die gesellschaftliche Bedingtheit der Aggression.
2. Beide Theorien können in einem Modell aufgehoben werden, das Aggression als einen *sekundären Trieb* (ohne spezifische somatische Quelle) auffaßt, der entsteht, wenn ein Lebewesen gehindert wird, seine lebenswichtigen Bedürfnisse zu befriedigen (*Reich, Fromm, Kunz,* u. a.). Die rückgestaute Energie der Primärtriebe führt über Angstentwicklung zum gesteigerten Einsatz des Systems der Motorik, das selbst keinem eigenen Bedürfnisprinzip unterliegt, sondern immer notwendig beteiligt ist, um die anderen Bedürfnisse zu befriedigen.
3. Die historisch sich ändernden, gesellschaftlich vermittelten

Frustrationen führen beim Menschen zu sich wandelnden Formen der Aggression.
Die durch die gegenwärtige Form der Produktion und Organisation der Gesellschaft (kriegslüsterne Wohlstandsgesellschaft – H. *Marcuse* u. a.) bedingte Familienstruktur unter dem Primat der Mutter und die Weise der einseitigen Inanspruchnahme des Menschen im Arbeitsprozeß u. a. erzwungenen Frustrationen führen zu einem Aufstau freiflottierender Aggression *(Parsons)*, die sich politisch manipulieren läßt, gegen äußere und innere Feinde.
4. Bei scharfer Frontstellung gegen Psychoanalyse und Verhaltensforschung modifiziert der lerntheoretische Aggressionsansatz (zu dem im nächsten Kapitel nähere Ausführungen folgen) die Frustrations-Aggressions-Hypothese der Yale-Schule zur Frustrations-Antriebs-Hypothese, ausgehend von der experimentellen Erfahrung, daß zunächst im Falle einer Frustration ganz allgemein das Antriebsniveau stärker mobilisiert (wie auch W. *Reich* u. a. schon betont hatten), so als ob mehr Kräfte aufgeboten werden sollten, um die aufgetretene Behinderung zu beseitigen oder zu umgehen. Die aggressive Reaktion wird nur darum begünstigt, weil sie leichter zu lernen ist und weil sie sich oft als sehr brauchbares Mittel zur Beseitigung der Frustrationsquelle erweist bzw. der durch die Frustration eingetretenen Lage. Außerdem ermöglicht sie eine schnelle und reichliche Abfuhr der mobilisierten Energie. Konstruktive Bewältigungen von Frustrationen dagegen sind schwierig zu lernen, und die gegenwärtige Gesellschaft bietet wenig Anregungen, sie zur sachgerechten Bewältigung zu wählen. Als die beiden Hauptwege des Lernens von Aggression werden unterschieden 1. das operante Konditionieren oder Lernen am Erfolg (bei einer sozial belohnten versuchten Handlung) und 2. das Lernen am Modell (d. h. ein ganzer beobachteter oder miterlebter Handlungszusammenhang in der Wirklichkeit, aber auch im Fernsehen oder Film, wird, als erfolgreich demon-

striert, ganz übernommen und nachgemacht). Interessante Experimente dieser Forscher sind gerade auch der Wirkung von Gewaltdarstellungen in den Massenmedien gewidmet. Vgl. dazu *Beaugrand, Günter* (1971): Fernsehmord für Millionen. Brutalität auf dem Bildschirm als Massenkonsum. Hamm.

5. Libidinös gestimmte Demokratisierung aller Bereiche der Zusammenarbeit und des Zusammenlebens und Freisetzung aller schöpferischen Möglichkeiten zur Abschaffung des menschenverschuldeten Leidens bieten langfristig die einzige Chance zu einer weniger aggressiven Lebenseinstellung im Weltmaßstab.

## Zusammenfassung einschließlich Lern-Theorie – Versuche zur Synthese

Gegensätze in der Deutung des aggressiven Verhaltens der Menschen haben von Anfang an die Theorie der bürgerlichen Gesellschaft gekennzeichnet. Während *Hobbes* davon überzeugt war, daß die Bösartigkeit zum Wesen des Menschen gehöre (der Mensch dem Menschen ein Wolf), und nur durch strenge gesellschaftliche Zwänge gebändigt werden könne, trat *Rousseau* für die angeborene Gutartigkeit des Menschen ein und erklärte die nicht zu bezweifelnde Aggressivität aus der Mangelhaftigkeit gesellschaftlicher Verhältnisse. Die liberale Theorie folgte den Anschauungen *Hobbes*, die materialistische Tradition dagegen den von *Rousseau*, obwohl *Kant* bereits in dialektischer Vermittlung von der ungeselligen Geselligkeit des Menschen gesprochen hatte.

Die wissenschaftliche Erforschung der Aggressivität aber beginnt erst etwa um 1900. In dem berühmt gewordenen Kapitel »Der Streit« seines Buches »Soziologie. Untersuchungen über die Formen der Vergesellschaftung« forderte G. *Simmel* erstmals die Annahme eines eigenständigen Feindseligkeitstriebes – wohl nicht ohne den Einfluß *Schopenhauers* und *Nietzsches* –, wobei er es offen ließ, ob es sich um einen spontanen oder eher um einen reaktiven Trieb handeln müsse. Auch A. *Adler*, der Begründer der nach ihm benannten Individualpsychologie, konnte sich 1908 nicht eindeutig festlegen. Er sprach zwar vom Aggressionstrieb, betonte aber sehr nachdrücklich seine Reaktivität. Der Streit über die eindeutige Bestimmung des aggressiven Verhaltens ist bis heute nicht beigelegt worden. Noch immer werden drei verschiedene Konzeptionen vertreten:

1. Die Trieb- bzw. Instinkt-Theorie (S. *Freud*, K. *Lorenz* usw.)
2. Die Frustrations-Aggressions-Hypothese (Yale-Schule)
3. Die Lern-Theorie (A. *Bandura* und R. H. *Walters*, H. *Selg*, G. *Lischke* usw.)

### *Die Trieb- und Instinkt-Theorie*

#### Trieb-Theorie

Wie schwer die Aggressionsdeutung fällt, zeigt sich exemplarisch im mehrfachen Umbau der Metatheorie zur Psychoanalyse durch *Freud* selbst. Während er anfänglich der Aggression nur im Zusammenhang mit der Erklärung von Sadismus und Masochismus eine gewisse Aufmerksamkeit schenkte, vertrat er in der mittleren Phase eine Frustrations-Theorie und polemisierte schärfstens gegen *Adlers* Annahme eines Aggressions-Triebes, entschloß sich dann aber doch schließlich selbst zu einer Aggressions-Trieb-Theorie, ohne daß die somatische Quelle dieses Triebes auffindbar gewesen wäre, die erst eigentlich das Triebhafte des Triebes bestätigen würde.

Im Gegensatz zu vielen Nachfolgern hat *Freud* das aber genau gewußt und nicht wortreich vertuscht. Sein spekulativer Trick war, daß er diese Lücke in der empirischen Forschung durch sehr weitreichende grundsätzliche Überlegungen zur Lebens- und Todesdialektik des ganzen Kosmos überdeckte. Weil er im Leben überhaupt diesen fortwährenden Kampf zwischen Eros und Todestrieb erblickte, zweifelte er auch an der »Bestimmung der Menschheit, auf dem Wege der Kultur zu einer größeren Vollkommenheit aufzurücken«.

Nach der endgültigen Darstellung der Trieb-Theorie durch *Freud* reichen Situationsanalysen nicht aus, um tiefsitzende und radikal aggressive Einstellungen zu erklären. Nach der Trieb-Theorie müssen sie andere Wurzeln haben, und zwar in der Trieb-Struktur des Menschen, der dualistisch auf zwei Grundtriebe hin angelegt ist: auf Libido und Destrudo, auf Liebe und Haß. Die Aggressivität ist latent immer vorhanden. Der ihr zugrunde liegende aus dem Somatischen kommende Trieb wird auf dem Wege zum Ziel der Bedürfnisbefriedigung psychisch wirksam, aber auch beeinflußbar. Darum spricht *Freud* davon, daß jeder Trieb ein Schicksal habe. Es geschieht zuerst etwas mit ihm, dann durch ihn. Möglicherweise werden Anteile von ihm auch verdrängt oder sublimiert, d. h. auf gehemmte und abgelenkte Weise befriedigt.

Auffällig ist an der späten Trieb-Theorie *Freuds,* daß er nur für die Sexualtriebe und deren Abkömmlinge, nicht aber für die Todestriebe und deren Abkömmlinge die somatische Quelle anzugeben vermochte, obwohl er daran festhielt, »daß die Herkunft aus der somatischen Quelle das schlechthin Entscheidende für den Trieb ist«. (X 216)

Es läßt sich wohl ohne Übertreibung sagen, daß die wichtigsten Arbeiten über die Aggression seitdem alle entweder in Zustimmung oder im Gegenzug zu *Freud* verfaßt wurden. Viele Nachfolger waren von der Notwendigkeit der Annahme eines Aggressions-Triebes überzeugt, selbst wenn sie nicht bereit waren, *Freuds* Todestriebspekulation zu übernehmen. Aber gerade durch sie hatte *Freud* das fehlende Stück empirischer Forschung überspielt. Bei den ›kritischen‹ Nachfolgern fällt darum die Theorie unbegründeter und dürftiger aus als bei *Freud* selbst.

Auch fundierte Kritik wurde aus Kreisen der Psychoanalytiker laut. Die entschiedensten Kritiker der Todestriebtheorie waren O. *Fenichel* und W. *Reich. Reich* leugnete den ursprünglich biologischen Charakter der Destruktivität. Sie ist ein künstliches Produkt der Kultur, eine strukturelle Bösartigkeit des menschlichen Tieres. Ein Tier dagegen tötet ein anderes nicht aus Lust am Töten. Es kämpft, weil es Hunger hat oder sich in der Entfaltung seiner wichtigsten Lebensbedürfnisse behindert oder bedroht fühlt. Die Aggression steht also ganz im Dienste der Lebenserhaltung. Überhaupt hat sie anfänglich nichts mit Sadismus und Destruktion zu tun. Jede Lebensäußerung ist als aktiv und zielgerichtet auch aggressiv. Sie wird bewirkt durch die Muskulatur, das System der Bewegung, wie auch *Freud* schon betonte. Es kann im Dienste jedes Triebes arbeiten. Nur in Zusammenschaltung mit ihm kann ein Trieb befriedigt werden. Die Aggression ist somit kein Trieb im eigentlichen Sinne, sondern das unerläßliche Mittel jeder Triebregung, diese ist an sich aggressiv, weil die Spannung zur Befriedigung drängt. Zur Destruktion wird die Aggression erst in einer gesteigerten Gefahrensituation und der ihr korrespondierenden Angst als Signal einer womöglich tödlichen Bedrohung. Dann ist der Kampf einschließlich Tötungsabsicht gegen die das eigene Leben bedrohende Gefahrenquelle biologisch sinnvoll. Dieser Kampf erfolgt also nicht aus Lust am Töten, sondern im Dienste des Lebens, um Angst zu bewältigen und das Ich zu erhalten.

Grundsätzlich lebensfeindliche Destruktivität kommt im Tierreich überhaupt nicht vor. Sie ist eine späte Erwerbung der Menschen unter frustrierenden gesellschaftlichen Verhältnissen. Die Psychoanalyse kann darum nach *Reich* nur zusammen mit den Gesellschaftswissenschaften solche grundsätzlichen Verhaltensweisen genau erfassen.

Eine ähnliche Konzeption vertritt auch E. *Fromm*, besonders ausführlich in seiner großen Studie »Anatomie der menschlichen Destruktivität« (1974). Nach ihm gibt es eine gutartige Aggression im Dienste der Lebenserhaltung. Sie gehört in den Zusammenhang des Flucht- und Vermeidungsverhaltens. Tiere neigen eher zur Flucht und werden nur aggressiv, wenn die Flucht ausgeschlossen ist. Bösartige Aggression dagegen gibt es nur beim Menschen als Folge

gesellschaftlicher Mißverhältnisse. Darin stimmt *Fromm* mit *Lorenz* überein, ohne dessen Konsequenzen zu teilen.
*Fromm* richtet nämlich dann seinen Blick nicht so sehr auf das Verhalten und Handeln, sondern auf die Ausbildung von Charakterstrukturen. Dabei schließt er sich an Überlegungen von *Reich* an. Die bösartigsten Menschen haben die Aggression als dominierenden Anteil über andere Eigenschaften in ihre Psyche aufgenommen. Die Folge davon ist, daß sie prinzipiell gegen das Leben den Kampf aufnehmen wollen, besonders gegen das gesellschaftliche Leben, weil sie sich von ihm in radikal frustrierender Weise ausgeschlossen fühlen. Solche Menschen haben nach *Fromm* einen nekrophilen (lebensfeindlichen) Charakter. Auch Ideologisches geht in solche Charakterprägungen und Verhaltensorientierungen mit ein. Es wird gesellschaftlich gelernt. Nur durch gesellschaftliche und individuelle Umorientierungen zugleich sind nach ihm lebensfreundlichere Verhältnisse zu erhoffen.

### Instinkt-Theorie

Die Trieb-Theorie hat lange Zeit die Aggressions-Diskussion bestimmt. Sie wurde weiter bestärkt und überhöht durch die Instinkt-Theorie von K. *Lorenz*, seit der Veröffentlichung seines Buches »Das sogenannte Böse« (1963 zuerst erschienen und bis 1973 ohne jede Korrektur und Ergänzung [!] in 33. Auflage nachgedruckt). Sachlich äußert *Lorenz* zwar Kritik an der *Freud*schen späten Metapsychologie, besonders im Hinblick auf die Annahme eines Todestriebes. Diese der Biologie befremdliche Hypothese ist nach *Lorenz* nicht nur unnötig, sondern falsch. Die Aggression, deren Auswirkungen häufig mit denen des Todestriebes gleichgesetzt werden, ist ein Instinkt wie jeder andere und unter natürlichen Bedingungen auch ebenso lebens- und arterhaltend. *Lorenz* postuliert darum einen Aggressions-Instinkt mit besonderem spontanen Antrieb durch spezifische Erregungsproduktion, den er allerdings auf innerartliche (intraspezifische) Aggressions-Handlungen eingrenzt. Dieser Instinkt hat mit allen anderen Instinkten gemeinsam, daß er in der entsprechenden Situation durch artspezifische Auslöser ausgelöst werden kann. Er lädt sich aber auch, wenn er nicht beansprucht wird, von selbst auf wie eine Batterie (Dampfkessel, Staubecken) und drängt periodisch nach Entladung (Appetenzverhalten). Nach *Lorenz* erweist sich der Aggressions-Instinkt als biologisch sinnvoll bei der gleichmäßigen Ausbreitung der Tiere über den zur Verfügung stehenden Lebensraum, bei der Auswahl der Stärksten für die Weiterzucht und bei der Ausbildung von Rangordnungen in Gruppen, die dadurch eine feste Struktur erhalten. Nach dem Instinkt-Verständnis von *Lorenz* müssen für jeden Instinkt, der als solcher soll gelten können, folgende Bedingungen erfüllt sein: Es muß ein instinkthormoneller spezifischer Erregungsstoff nachgewiesen werden, ebenso Appetenzverhalten, angeborene Auslösemechanismen und angeborene auslösende Schlüsselreize, ferner muß ein biologisch sinnvoller Zweck angebbar sein.

Sind nach anderen Verhaltensforschern auch die von *Lorenz* aufgestellten Instinkt-Bedingungen gar nicht so eindeutig feststellbar, muß er für den Aggressions-Instinkt selbst zugeben, daß die spezifische Erregungsproduktion, die erst eigentlich den Instinkt zum Instinkt macht, bisher nicht gefunden werden konnte. Es gibt für ihn ebensowenig wie für einen Trieb auch nur die Spur eines Hinweises.

*Lorenz* ist von der universalen Geltung seines Aggressions-Modells trotzdem so überzeugt, daß er es durch Analogieschlüsse aus der Tierwelt auch auf die menschlichen Lebensverhältnisse überträgt und behauptet, im Bereich des menschlichen Zusammenlebens sei durch die Folgen der Kulturentwicklung in den modernen Industriegesellschaften der Aggressions-Instinkt entartet und habe sich zu Fehlfunktionen entwickelt, die nicht nur zu verderblichen, sondern zu vernichtenden Folgen führten. Ganz allgemein paßt nach ihm die nicht veränderte Instinkt-Basis des Menschen nicht mehr zu den Ansprüchen der modernen Großgesellschaften. Neue Moralvorstellungen lassen sich aber bisher nicht durchsetzen, weil jede neue Moralvorschrift einer Instinkt-Basis bedarf, die bis heute nicht gegeben ist. Das angestrebte politische Handeln der Menschen führt darum auch nicht zu besseren (demokratischen) Gesellschaftsordnungen. Hilfe ist nur von den großen ›Konstrukteuren des Artenwandels‹ zu erwarten. Gerade mit diesen metawissenschaftlichen Spekulationen hat sich *Lorenz* weltweiten Ärger von Sozialwissenschaftlern zugezogen. Seinen Schülern nötigen entsprechende Vorhaltungen nur ein vielsagendes Lächeln ab. Nach ihnen sperrt sich die Natur nicht gegen sozial-demokratische Entwicklungen.

Die Kritik an *Lorenz* umfaßt viele andere Punkte, von denen einer schon genügen würde, um Wissenschaftlichkeit ernsthaft in Frage zu stellen. Wichtiger aber noch als methodologische und ideologiekritische Einwände ist die Kritik, die von Verhaltensforschern selbst geäußert wird. Selbst wenn man in Rechnung stellt, daß nicht alle Instinkte nach dem gleichen Muster gebaut sein müssen, gilt doch als Basis des Triebgeschehens, was einer Verhaltensabfolge physiologisch zugrunde liegt und als Motivation zu bestimmten Handlungen von Organismen gebildet wird. Unter dieser Voraussetzung kann nach den bis jetzt vorliegenden Befunden die Aussage, Aggression sei ein echter Instinkt mit eigener endogener Erregungsproduktion und dem entsprechenden Appetenzverhalten, nicht akzeptiert werden. Das meint jedenfalls W. *Wickler*. Er warnt außerdem davor, Daten zur Aggression des Menschen vorschnell mit denen aus der Tierforschung zu untermauern. Bisher könne der Vergleich allenfalls probeweise vorgenommen werden. – Auch I. *Eibl-Eibesfeldt* macht kritische Abstriche am Instinkt-Konzept. Er spricht in nachdenklicher Zurückhaltung lieber vom aggressiven Verhalten.

*Freud* hatte in der mittleren Phase seiner Metatheoriebildung besonders an der Abgrenzung der neu eingeführten Ich-Triebe von den Sexual-Trieben gearbeitet. Als Grundkraft der Ich-Triebe bestimmte er das Streben nach Selbsterhaltung. Dieses Streben kann unter Umständen aggressiv besetzt werden, vor allem, wenn es behindert und frustriert wird.

An diese Überlegungen knüpften die Vertreter der Frustrations-Aggressions-Hypothese an. J. *Dollard* formulierte 1937 mehr argumentierend als empirische Untersuchungen auswertend diese Hypothese, die er 1939 zusammen mit L. W. *Doob,* O. H. *Mowrer* und R. R. *Sears* unter dem Titel »Frustration and Aggression« veröffentlichte. Sie stellten darin eine umfassende kausale Beziehung zwischen Frustration und Aggression heraus: Der Eintritt von Aggression setzt stets die Existenz einer Frustration voraus, und die Existenz einer Frustration führt immer zu irgendeiner Form von Aggression.

Durch weitere Forschungen und Mißverständnisse ihrer Leser veranlaßt, sahen sie sich schon 1941 genötigt, die Hypothese neu zu formulieren: Frustration ruft die Erregung zu einer Reihe verschiedener Reaktionen hervor, von denen eine der möglichen die Erregung aggressiven Verhaltens ist. Nicht jede Frustration führt also notwendig zu einer Aggression. Es können auch verschobene oder sublimierte oder gegen das eigene Ich gewendete Reaktionen erfolgen. Nur eine Möglichkeit ist, daß auf die Frustration auch offen aggressiv reagiert werden kann. Gültig bleibt also, daß jede Aggression aus einer Frustration ursächlich folgt. Die Hypothese gewinnt so die logische Form eines nicht umkehrbaren Satzes.

Aber auch diese Fassung ist 1969 von L. *Berkowitz* erneut problematisiert worden. Er postulierte eine komplexere

Theorie, die auch Aggressions-Handlungen einschließt, die nicht aus Frustrationen folgen. Das betonen vor allem auch die Lern-Theoretiker, aber natürlich auch die Instinkt- und Trieb-Theoretiker, doch jeweils aus anderen Gründen.

## Lern-Theorie

Daß aggressives Verhalten auch Lern-Aspekte einschließt, ist weder von Psychoanalytikern noch Tierverhaltensforschern – nicht einmal von *Lorenz* – je bestritten worden. Daß sie in den Theorien unterberücksichtigt blieben, ist wohl eher richtig.

Darum ist es als Verdienst der Anhänger der Lern-Theorie und der aus ihr entwickelten Verhaltens-Therapie anzusehen, daß sie besonders diese Seite des aggressiven Verhaltens präzisen Analysen unterzogen haben. Ihr Fehler mag darin zu sehen sein, daß sie diese Lern-Aspekte zu einer allgemeinen Theorie ausweiteten. Besonders auf die Arbeiten der Amerikaner A. *Bandura* und R. H. *Walters* und ihre Aufnahme in Deutschland durch H. *Selg*, G. *Lischke* u. a. ist dabei zu verweisen. Zwei verschiedene Konzepte werden zur Erklärung aggressiven Verhaltens herangezogen:

1. Das operante Konditionieren – oder Lernen durch Erfolg: Setzt jemand zur Erreichung eines bestimmten Zieles erfolgreich aggressives Verhalten ein, wird er solcherart bewährtes Verhalten bei späteren ähnlichen Gelegenheiten wiederholen. Der Erfolg verstärkt die Erwartung, daß die Anwendung von Aggression ein sehr nützliches Mittel ist, sein Ziel sicher zu erreichen. Nun wird aber nicht jede solche Handlung erfolgreich sein. Doch gerade solche unterbrochenen (intermittierten) Verstärkungen eines bestimmten Verhaltens bewirken, daß es besonders gründlich gelernt wird. Erweist sich aggressives Verhalten wiederholt als erfolgreich, wird es auch auf andere Situationen übertragen. Auch

andere aggressive Verhaltensweisen werden als erfolgversprechend betrachtet, die Erfahrung somit generalisiert. Wahrscheinlich läßt sich mit der Zeit sogar der Zusammenhang zwischen dem erfolgversprechenden Mittel des aggressiven Verhaltens und den zeitlich vorhergehenden Bedürfnissen so weit lockern, daß es selbst zum Motiv werden kann. Es entsteht das Bedürfnis, aggressiv zu handeln. Das Mittel wird zum Zweck.

2. Lernen am Modell: Zahlreiche Lern-Theoretiker sind der Überzeugung, daß viele Lernprozesse nicht so verlaufen, wie es bisher beschrieben wurde, sondern daß ganze Verhaltens-Modelle von einem Beobachter übernommen werden, der sieht, wie andere mit der Ausführung aggressiver Handlungen erfolgreich sind. Der Beobachter wird darüber informiert, wie man sich ›richtig‹ verhält. Mit der Übernahme der komplexen Verhaltenssequenz im Ganzen erhält er ein Instrument zur Bewältigung einer Situation. Dieses Mittel kann völlig neu sein oder ein bekanntes Instrument in einem bislang ungewohnten Zusammenhang. Die Modell-Situation kann eine Life-Situation sein oder eine symbolische, etwa übermittelt durch die modernen Massenmedien. Zahlreiche Untersuchungen haben ergeben, daß gerade das Fernsehen in besonderer Weise als Aggressions-Schule angesehen werden muß, Kindersendungen eingeschlossen.

### *Versuche zur Synthese*

In den neuesten Veröffentlichungen ist das Bemühen um eine Synthese der verschiedenen Forschungsansätze deutlich. Ich möchte vor allem auf die Arbeiten von F. *Hacker* (1971 und 1973), E. *Fromm* (1974), R. *Denker* (1974), E. *Fürntratt* (1974) und I. *Eibl-Eibesfeldt* (1975) hinweisen. Die Neuorientierung kann dabei erneut an die Überlegungen des späten Freud anknüpfen (*Hacker, Fromm, Denker*). *Freud* hatte nämlich in einigen Arbeiten selbst im Hinblick auf die somatische Quelle einige Äußerungen gemacht, die anders als es ihm selbst deutlich war, zu interessanten Konsequenzen in der Deutung der Aggression führen können. Die Aggression ist danach kein Trieb im Sinne der Definition von *Freud*, sondern Teil eines weit komplexeren Verhaltens, das nur dann richtig erfaßt werden kann, wenn in die Überlegungen die Angst mit einbezogen wird und die jeweilige Situation, in der sie erlebt und in der gehandelt werden soll.

Angst entsteht, wenn ein Individuum bei einer zielgerichteten Handlung der Bedürfnisbefriedigung behindert, frustriert wird. Die Frustration bewirkt Angst. Die Angst als innere Erregung hat den Sinn einer Warnung vor realer Gefahr. Die primäre Schutzhandlung auf die durch Angst signalisierte Gefahr ist der Fluchtreflex. Die Flucht ist immer die erste Reaktion. Der Fluchtreflex hat zum Ziel, das bedrohte Individuum aus der Situation der möglichen Schädigung oder Vernichtung durch räumliche und zeitliche Distanz zu entziehen und einen Ort der Geborgenheit und des Schutzes aufsuchen zu lassen.

Je nach der Einschätzung der eigenen Stärke im Vergleich zur Größe der drohenden Gefahr ist aber auch aktive Abwehr, Verteidigung oder aggressive Aktion denkbar, wie bereits *Freud* herausstellte. Sie wird unvermeidlich, wenn kein Fluchtweg offen bleibt. Aus der Erwartungsbereitschaft geht also die motorische Aktion (Reaktion) hervor, zunächst Flucht, bei höherer Anspannung tätige Abwehr. In der motorischen Reaktion mit Flucht oder Aggression auf die Angst, die in einer bestimmten Situation mit physiologischen und psychischen Begleiterscheinungen produziert wird, können wir anders als *Freud* die biologische Vermittlung des Aggressionsverhaltens sehen. Das Triebhafte läge in der angeborenen instinktiven Schaltung Flucht oder Aggression, bei starker Aktivierung der Motorik. Die Entscheidung für

Flucht oder Aggression ergäbe sich für das bedrohte Individuum jeweils aus der Einschätzung der Situation. Immer, wenn Flucht unnötig, aber auch wenn sie unmöglich ist, wird über die Einschaltung der Motorik eine aggressive Reaktion ausgelöst. Die Aggression würde so in der von vielen Forschern geforderten reaktiven Struktur erklärbar und ihre Spezifität als Konsequenz aus der jeweiligen Situation bestimmbar. Diese Deutung läßt sich durch die Forschungsergebnisse aus anderen Wissenschaften unterstützen. So formulierte z. B. der Neurophysiologe J. A. *Gray* zwei für unseren Gedankengang wichtige Thesen:

1. Ein einziger Kampf-/Flucht-Mechanismus versetzt bei entsprechender Stimulierung den Organismus entweder in Fluchtbereitschaft oder aktiviert ihn zu aggressivem Verhalten.
2. Welche dieser beiden Verhaltensformen dann tatsächlich auftritt, hängt von Signalen aus der Umwelt ab, die in anderen Teilen des Gehirns analysiert werden. Diese verschiedenen Strukturen sind ihrerseits in der Lage, eine modulierende Wirkung auf die Befehle auszuüben, die vom Kampf-/Flucht-Mechanismus erteilt werden.

Auch namhafte Biologen und Verhaltensforscher wie N. *Tinbergen,* A. *Portmann,* H. *Hediger* und I. *Eibl-Eibesfeldt* vertreten schon länger ähnliche Konzepte. *Eibl-Eibesfeldt* (1975) unterteilt das agonistische Verhalten (Feindverhalten) in ein Kampf- und ein Fluchtsystem, denen beiden wieder Untersysteme zugeordnet werden. Er kommt somit zu folgendem Schema (S. 48):

Agonistisches Verhalten (Feindverhalten)
Kampfsystem

1. Verhaltensweisen der Aggression
   Drohen
   Kämpfen

2. Verhaltensweisen der Verteidigung
   Drohen
   Kämpfen

Fluchtsystem

3. Verhaltensweisen der Submission
4. Fluchtverhalten

Dieses Einteilungsschema drückt nach ihm selbst hypothetische Beziehungen zwischen physiologischen Systemen aus, wie sie nach dem jetzigen Stand der Erkenntnisse in der Verhaltensforschung postuliert werden können. Trotz dieser wichtigen hypothetischen Einschränkung formuliert er dann allerdings sehr apodiktisch:

»Das agonistische System höherer Wirbeltiere ist grundsätzlich nach diesem Schema organisiert. Allerdings kommen Abwandlungen vor. So fehlen manchen Wirbeltieren die Verhaltensweisen der Submission, und die im Kampfsystem auftretenden Verhaltensweisen können ritualisiert sein oder auch nicht. Im letzteren Fall sind die Verhaltensweisen zwischen- und innerartlicher Aggression nicht klar geschieden. Schließlich kann dem Kampfsystem eine unterschiedlich starke Motivation zugeordnet sein. Je nach der Stärke der durch die aggressive Motivation bewirkten Kampfappetenz ist das System einmal mehr nach der spontanen Seite (Aggression) oder der reaktiven Seite (Verteidigung) verlagert. Das wechselt selbst innerhalb der Wirbeltierfamilien je nach der speziellen Ökologie der betreffenden Arten.« (S. 48)

Unter Einbeziehung der Angst faßte ich meine Überlegungen in einer Frustrations-Angst: Flucht-Aggressions-Hypothese zusammen:

Auf jede als Frustration erlebte Störung eines von einem Individuum zur Bedürfnisbefriedigung eingeleiteten zielgerichteten Handlungsablaufs erfolgt zunächst als psychische Äußerung Angst, bei gleichzeitiger Entwicklung gesteigerter sensomotorischer Aufmerksamkeit und motorischer Spannung, die Energie zu Aktionen liefert, um entweder die Störung durch Aggression zu beseitigen oder ihr durch Flucht auszuweichen. Wenn die Situation es zeitlich zuläßt, sind rational kontrollierte Handlungen möglich.

Darum führt nicht jedes auf Frustration folgende Angsterlebnis notwendigerweise zur Aggression. Aber für jede Aggression gilt, daß sie eine Geburt aus Angst ist.

Sicher ist im Hinblick auf den Menschen die rationale Reaktion in jeder Situation besser als die aggressive. Die aggressive Reaktion wird nur begünstigt, weil sie sich oft als sehr brauchbares Mittel zur Beseitigung der Frustrationsquelle erwiesen hat und erweist bzw. der durch die Frustration eingetretenen Lage. Die aggressive Reaktion ist, wo sie nicht natürlicherweise naheliegt, auch leichter zu lernen, besonders in unseren aggressionsbegünstigenden Industriegesellschaften.

In meiner zweiten Studie mit dem Titel »Angst und Aggression« (1974, Urban Taschenbücher Reihe 80, Band 853) werden diese Gedankengänge fortgesetzt und andere neue Arbeiten ausführlich erörtert.

Das unveränderte Ziel geduldiger Mühe bleibt die weitere Aufklärung über Aggression in pragmatischer Hinsicht.

# Literaturauswahl


Adler, Alfred (1908): Der Aggressionstrieb im Leben und in der Neurose. Fortschritte der Medizin. Leipzig. Abgedruckt in: Heilen und Bilden. Frankfurt 1973 S. 53–62.

– (1966 ff.): Werke in Einzelausgaben der Fischer-Bücherei. Frankfurt.

Adorno, Th. W.; Frenkel-Brunswik, E.; Levinson, D. J. u. Sanford, R. N. (1964): The Authoritarian Personality. Studies in Prejudice (Hrsg. M. Horkheimer und S. H. Flowerman). New York. Dt. Ausg. (1968): Der autoritäre Charakter. Studien über Autorität und Vorurteil. Amsterdam.

Adorno, Theodor W. (1970): Erziehung zur Mündigkeit. Frankfurt.

– (1970): Die Freudsche Theorie und die Struktur der faschistischen Propaganda. Psyche H. 7 1970 S. 485–509.

– (1972): Gesammelte Schriften Band 8. Soziologische Schriften I. Frankfurt.

Aichhorn, August (1969): Verwahrloste Jugend. Die Psychoanalyse in der Fürsorgeerziehung. Bern, Stuttgart und Wien.

Alexander, Franz; Straub, Hugo (1929): Der Verbrecher und seine Richter. Ein psychoanalytischer Einblick in die Welt der Paragraphen. Wien.

Alland, Alexander (1970): Evolution und menschliches Verhalten. Frankfurt.

Allport, Gordon W. (1971): Die Natur des Vorurteils. Köln.

Altner, Günter (1966): Charles Darwin und Ernst Haeckel, Zürich.

Améry, Jean (1970): Zwischen Marx und Freud. Fragen an Alexander Mitscherlich. Merkur 4 1970. S. 383–390.

Ammon, Günter (1972[3]): Gruppendynamik der Aggression. Berlin.

Ansbacher, Heinz L.; Ansbacher, Rowena R. (Hrsg.) (1972): Alfred Adlers Individualpsychologie. Eine systematische Darstellung seiner Lehre in Auszügen aus seinen Schriften. München und Basel.

Bachmann, Claus Henning (1972): Psychoanalyse und Verhaltenstherapie. Frankfurt.

Bally, Gustav (1961): Einführung in die Psychoanalyse Sigmund Freuds. Hamburg.

Baumgarten, Franziska (1968): Demokratie und Charakter. München.

Bandura, Albert (1973): Aggression. A social learning analysis. New Jersey.
Barnett, S. A. (1968): Instinkt und Intelligenz. Rätsel des tierischen und menschlichen Verhaltens. Bergisch Gladbach.
Becker, Alois M. (1958): Möglichkeiten und Grenzen des Vergleichens von menschlichem und tierischem Verhalten. Psyche H. 12 1958/59 S. 170–198.
Belschner, Wilfried; Lischke, Gottfried und Selg, Herbert (1971): Foto-Hand-Test (FHT) zur Erfassung der Aggressivität. Freiburg und München.
Berkowitz, Leonard (1962): Aggression. New York, Toronto, London, San Franzisco.
– (Hrsg.) (1969): Roots of Aggression. A Re-examination of the Frustrations-Aggressions-Hypothesis. New York.
Bernfeld, Siegfried (1969): Antiautoritäre Erziehung und Psychoanalyse. Bd. 1 und 2 Darmstadt.
Bibring, Edward (1936): Zur Entwicklung und Problematik der Triebtheorie. Imago 21 1936.
Biermann, Gerd (1969): Kindeszüchtigung und Kindesmißhandlung. Eine Dokumentation. München und Basel.
Bilz, Rudolf (1967): Menschliche Aggressivität. Versuch einer verhaltensphysiologischen Differenzierung. Zeitschrift für Psychotherapie 17, 157.
Biran, Sigmund (1961): Melancholie und Todestriebe. München.
Birbaumer, Niels (Hrsg.) (1973): Neuropsychologie der Angst. München, Berlin und Wien.
Bloch, Ernst (1968): Widerstand und Friede. Aufsätze zur Politik. Frankfurt.
– (1975): Das kostümierte Böse. Die Zeit 4. 7. 1975.
Böckelmann, Frank (1971): Die schlechte Aufhebung der autoritären Persönlichkeit. München.
Brenner, Charles (1967): Grundzüge der Psychoanalyse. Frankfurt.
Brocher, Tobias (1967): Psychologische Aspekte des Friedens. Der Zwang zum Frieden. Stuttgart S. 17 ff.
– (1967): Gruppendynamik und Erwachsenenbildung. Zum Problem der Entwicklung von Konformismus oder Autonomie in Arbeitsgruppen. Braunschweig.
– (1968): Anpassung und Aggression in Gruppen. in: Mitscherlich, Alexander (Hrsg.) (1968) S. 152–206.
– (1969): Aggressionstrieb in: Schultz, H. J. (Hrsg.) (1969): Politik für Nichtpolitiker. Stuttgart und Berlin 1969 S. 28–38.
– (1973): Sind wir ver-rückt? Lebensprobleme des modernen Menschen. Stuttgart.
Brown, Norman O. (1962): Zukunft im Zeichen des Eros. Pfullingen.
Brückner, Peter (1972): Zur Sozialpsychologie des Kapitalismus. Sozialpsychologie der antiautoritären Bewegung I. Frankfurt.

Bühler, Charlotte (1959²): Der menschliche Lebenslauf als psychologisches Problem. Göttingen.
Buss, Arnold H. (1961): The Psychology of Aggression. New York und London.
– (1966): Instrumentality of Aggression, Feedback and Frustration as Determinants of Physical Aggression. Journal of Personality and Social Psychology 1966 S. 153–162.
Caesar, Beatrice (1972): Autorität in der Familie. Ein Beitrag zum Problem schichten-spezifischer Sozialisation. Reinbek.
Caruso, Igor A. (1957): Bios, Psyche, Person. Eine Einführung in die allgemeine Tiefenpsychologie. Freiburg und München.
– (1968): Die Trennung der Liebenden. Eine Phänomenologie des Todes. Bern und Stuttgart.
– (1972): Soziale Aspekte der Psychoanalyse. Reinbek.
Chauvin, Rémy (1967): Tier unter Tieren. Staat und Gesellschaft im Tierreich. Frankfurt und Hamburg.
Coser, Lewis A. (1965): Theorie sozialer Konflikte. Neuwied und Berlin 1965.
Cullies, Stefan (1971): Das Problem der Tötungshemmung beim Mörder. Zur Psychologie des Mordes. Berlin und München.
Czapiewski, Winfried und Scherer, Georg (1967): Der Aggressionstrieb und das Böse. Essen.
Dahmer, Helmut (1972): Wilhelm Reich. Seine Stellung zu Freud und Marx. Psyche H. 3 1972 S. 208–247.
Dahrendorf, Ralf (1967): Pfade aus Utopia. Arbeiten zur Theorie und Methode der Soziologie. Ges. Abh. I. München.
Dann, H. D. (1966): Aggressives Verhalten als Problem der empirisch-wissenschaftlichen Psychologie. Schweiz. Z. Psychol. 25 1966 S. 58–69.
– (1972): Aggression und Leistung. Gewährung und Unterbindung von Aggression in ihrer Auswirkung auf Leistungsverhalten. Stuttgart.
Darwin, Charles (1871): The Descent of Man, and Selection in Relation to Sex, Vol. I und II. London.
– (1923): Die Abstammung des Menschen. Leipzig. Neu: Stuttgart 1966.
– (1963): The Origin of Species by Means of Natural Selection or the Preservation of Favoured Races in the Struggle for Life. London.
– (1963): Die Entstehung der Arten durch natürliche Zuchtwahl. Stuttgart.
– (1965): Eine Auswahl aus seinem Werk. Hubers Klassiker der Medizin und der Naturwissenschaften, Bd. V (Hrsg. W. v. Wyss). Bern und Stuttgart.
Denker, Rolf (1967): Individualismus und mündige Gesellschaft. Stuttgart.
– (1967): Agressie. Amsterdam.

– (1968 a): Grenzen liberaler Aufklärung bei Kant und anderen. Stuttgart.
– (1968 b): (Naturwissenschaft und Politik). Nachwort zu: E. Heimendahl. Wegbereiter unserer Zukunft. Tübingen, S. 175–213.
– (1968 c): Steuerung der Aggression in: Schmid, R. (Hrsg.) (1968): Zumutungen des Friedens. Stuttgart, S. 11–52.
– (1969): Zur Dialektik der bürgerlichen Gesellschaft. Schwäbische Heimat H. 4 1969 S. 306–313.
– (1971 a): Herbert Marcuse. Lexikon der Pädagogik. Freiburg.
– (1971 b): Karl R. Popper. Lexikon der Pädagogik. Freiburg.
– (1971 c): Gegen anthropologische Pferdefüße. Helmuth Plessners dreiteiliges Gastkolleg in Tübingen: Warnung vor Gehlen. Südwest-Presse 6. 2. 1971.
– Scharfenberg, Joachim; Böhme, Wolfgang; Rauschenberger, Hans (1972): Die Gewissensfrage. Wissenschaftler antworten. Stuttgart.
– (1972): Elucidaciones sobre la agresión. Buenos Aires.
– (1973): Zum gegenwärtigen Stand der Aggressionsforschung: Versuch einer Synthese. Einleitung zu Hollitscher, Walter (Hrsg.) (1973) S. 7–33.
– (1973): Überlegungen zu einer Frustrations-Angst-Aggressions-Hypothese in: Fahrenbach, Helmut (Hrsg.) (1973): Wirklichkeit und Reflexion. Walter Schulz zum 60. Geburtstag. Pfullingen, S. 71–98.
– (1973): Grenzen der Menschen. Wege zum Menschen, H. 8/9 1973 S. 341–355.
– (1974): Angst und Aggression. Stuttgart.
– (1974 a): Kants Theorie des dreifachen Weges zum Weltfrieden – oder: Die Absichten der Natur in der Geschichte in: Gerresheim, Eduard (Hrsg.) (1974): Immanuel Kant 1724/1974. Kant als politischer Denker. Bonn-Bad Godesberg, S. 5–16.
– (1974 b): Kritische und ideologiekritische Argumente gegen die Aggressions-Triebtheorie – aufgezeigt an Theorieansätzen von Sigmund Freud und Konrad Lorenz. Evangelische Theologie H. 6 1974 S. 539–562.
– (1975): Ödipus und das Böse. Über den Ursprung des Schuldgefühls nach der psychoanalytischen Theorie. Zeitwende H. 3 1975 S. 142–156.
Devereux, Georges (1974): Normal und anormal. Aufsätze zur allgemeinen Ethnopsychiatrie. Frankfurt.
Ditfurth, Hoimar von (Hrsg.) (1965): Aspekte der Angst. Starnberger Gespräche 1964. Stuttgart.
Dobzhansky, Theodosius (1965): Dynamik der menschlichen Evolution, Gene und Umwelt. Frankfurt.
Dollard, John; Doob, Leonhard W.; Miller, Neal E.; Mowrer, O. H.; Sears, Robert S. (1965): Die Frustrations-Aggressions-Hypothese. in: Thomae, Hans (Hrsg.) (1965): Die Motivation menschlichen Handelns. Köln und Berlin, S. 205–209.

– (1970): Frustration und Aggression. Weinheim, Berlin und Basel.
Döring, Klaus W. (1966): Aggressivität als sonderpädagogisches Problem. Zeitschrift für Heilpädagogik 1966 S. 482–494.
Dreikurs, Rudolf (1969): Grundbegriffe der Individualpsychologie. Stuttgart.
Duhm, Dieter (1973[3]): Angst im Kapitalismus. Lampertheim.
– (1973): Warenstruktur und zerstörte Zwischenmenschlichkeit. Köln.
Eibl-Eibesfeld, Irenäus (1967): Grundriß der vergleichenden Verhaltensforschung. Ethologie. München (mit umfangreichem Literaturverzeichnis).
– (1970): Liebe und Haß. Zur Naturgeschichte elementarer Verhaltensweisen. München.
– (1973): Der vorprogrammierte Mensch. Das Ererbte als bestimmender Faktor im menschlichen Verhalten. Wien, München und Zürich.
– (1975): Krieg und Frieden aus der Sicht der Verhaltensforschung. München und Zürich.
Einstein, Albert (1964): Mein Weltbild. Berlin.
Elhardt, Siegfried (1974): Aggression als Krankheitsfaktor. Göttingen.
Erikson, Erik H. (1968[3]): Kindheit und Gesellschaft. Stuttgart.
Etzioni, Amitai (1965): Der harte Weg zum Frieden. Göttingen.
Eysenck, Hans Jürgen (1967): Nicht philosophieren, sondern experimentieren. Die Verhaltenstherapie stützt sich auf eine naturwissenschaftliche Psychologie – Neurosen kann man verlernen. Die Zeit 29. 9. 1967 S. 46.
Eysenck, H. J. und Rachman, S. (1968): Neurosen – Ursachen und Heilmethoden. Einführung in die moderne Verhaltenstherapie. Berlin.
Fenichel, Otto (1935): Über Psychoanalyse, Krieg und Frieden. Internat. ärztliches Bulletin Bd. II 1935 Nr. 2/3 S. 30–40 und Nr. 4/5 S. 76 f.
– (1953): Zur Kritik des Todestriebes. Imago XXI 1953 S. 463 ff.
– (1973): Psychoanalytische Neurosenlehre. Wien.
Fischel, W. (1955): Die kämpferische Auseinandersetzung in der Tierwelt. Leipzig.
Fodor, Nandor; Gaynor, Frank (1966): Freud. Dictionary of Psychoanalysis. New York.
Frank, Jerome D. (1970): Muß Krieg sein? Psychologische Aspekte von Krieg und Frieden. Darmstadt.
Freud, Anna (1956[3]): Einführung in die Psychoanalyse für Pädagogen.
– (1964): Das Ich und die Abwehrmechanismen. München.
– (1968): Wege und Irrwege in der Kinderentwicklung. Bern und Stuttgart.
Freud, Sigmund (1940–1952): Gesammelte Werke. London.

– (1960): Briefe 1873–1939. Frankfurt.
– (1962): Aus den Anfängen der Psychoanalyse. Briefe an Wilhelm Fließ. Abhandlungen und Notizen aus den Jahren 1887–1902. Frankfurt.
Freud, Sigmund – Oskar Pfister (1963): Briefe 1909–1939. Frankfurt.
Fromm, Erich (1959): Sigmund Freuds Sendung, Persönlichkeit, geschichtlicher Standort und Wirkung. Frankfurt und Berlin.
– (1963): Das Menschenbild bei Marx. Mit den wichtigsten Teilen der Frühschriften von Karl Marx. Frankfurt.
– (1968): Das Menschliche in uns. Konstanz und Zürich.
– (1969): The Nature of Violence. Year book, covering the year 1968. Annuel Supplement to Collier's Encyclopedia and Merit Students Encyclopedia, S. 26–31.
– (1970): Analytische Sozialpsychologie und Gesellschaftstheorie. Frankfurt.
– (1974): Anatomie der menschlichen Destruktivität. Stuttgart.
Fürntratt, Ernst (1974): Angst und instrumentelle Aggression. Weinheim und Basel.
Galtung, Johan (1975): Strukturelle Gewalt. Beiträge zur Friedens- und Konfliktforschung. Reinbek.
Gamm, Hans-Jochen (1968): Aggression und Friedensfähigkeit in Deutschland. München.
Gehlen, Arnold (1969): Moral und Hypermoral. Eine pluralistische Ethik. Frankfurt und Bonn.
Goldau, Axel; Jeske, Holger; Landsberg, Johann-Wolfgang; Schmitt, Michael (1974): Biologische Argumente gegen das Aggressions-Konzept von Lorenz. Das Argument 88 1975 S. 819 bis 826.
Graumann, C. F. (1970): Frustration. Historisches Wörterbuch der Philosophie (Hrsg. J. Ritter). Basel und Stuttgart.
Groh, Dieter (1967): Marx, Engels und Darwin: Naturgesetzliche Entwicklung oder Revolution? Zum Problem der Einheit von Theorie und Praxis. Polit. Vierteljahresschrift 8 1967 S. 544–559.
Habermas, Jürgen (1968): Erkenntnis und Interesse. Frankfurt.
– (1973): Legitimationsprobleme im Spätkapitalismus. Frankfurt.
– Henrich, Dieter (1974): Zwei Reden. Frankfurt.
Hacker, Friedrich und Kogon, Eugen (1969): Verstärken oder verringern sich die Bedingungen für Aggressivität? – Die Rolle der Gewalt in der modernen Gesellschaft. Bergedorfer Protokolle Nr. 33. Hamburg.
Hacker, Friedrich (1970): Gesetze sind aggressiv. Der Spiegel 26. 10. 1970.
– (1971): Aggression. Die Brutalisierung der modernen Welt. Wien, München und Zürich.
– (1973): Terror. Mythos – Realität – Analyse. Wien, München und Zürich.

Hallie, Philip P. (1971): Grausamkeit. Der Peiniger und sein Opfer. Eine Analyse. Olten und Freiburg.

Hamacher, Hans-Werner (1973): Tatort Deutschland. Überrollt uns die Kriminalität? Bergisch Gladbach.

Hartmann, Heinz (1960): Ich-Psychologie und Anpassungsproblem. Stuttgart.

Hartmann, H.; Kris, E. und Loewenstein, R. M. (1949): Notes on the Theory of Aggression. The Psychoanalytic Study of the Child III/IV. New York.

Häsler, Alfred A. (1969): Leben mit dem Haß. 21 Gespräche. Reinbek.

Hebb, C. O. (1946): On the nature of fear. Psychol. Rev. 53 S. 259–276.

Heberer, Gerhard (1966): Das gegenwärtige Bild der Abstammungsgeschichte des Menschen. Universitas 21 1966 S. 161–170.

Hediger, Heini (1954): Skizzen zu einer Tierpsychologie im Zoo und im Zirkus. Stuttgart.

Heinroth, O. (1941): Aufopferung und Eigennutz im Tierreich. Stuttgart.

Heiss, Robert (1964): Allgemeine Tiefenpsychologie, Methoden, Probleme und Ergebnisse. Bern und Stuttgart.

Helwig, Paul (1964): Liebe und Feindschaft. München und Basel.

Hemleben, Johannes (1968): Charles Darwin in Selbstzeugnissen und Bilddokumenten. Reinbek.

Hermann, Kai (1966): Anatomie eines Rufmordes. Fall Hallervorden: Lynchjustiz mit Kugelschreiber und Rotationsmaschine. Die Zeit 26. 8. 1966.

Hinde, Robert A. (1973): Das Verhalten der Tiere. Eine Synthese aus Ethologie und vergleichender Psychologie. 2 Bände. Frankfurt.

Hitschmann, Edward (1948): The History of the Aggressions-Drive. Yearbook of Psychoanalysis 4 1948.

Höchstetter, W. Korbinian (1970): Die psychoanalytischen Grundlagen der Erziehung. Starnberg.

Hollitscher, Walter (1973): Aggressionstrieb und Krieg. Stuttgart.

Holst, Erich von (1961): Probleme der modernen Instinktforschung. Merkur 1961 S. 913 ff.

– (1969): Zur Verhaltensphysiologie bei Tieren und Menschen. Ges. Abh. Bd. I. München.

– (1970): Zur Verhaltensphysiologie bei Tieren und Menschen. Ges. Abh. Bd. II. München.

Holzer, Horst (o. J.): Sexualität und Herrschaft. Anmerkungen zu Problemen der repressiven Entsublimierung.

Horkheimer, Max; Adorno, Theodor W. (1947): Dialektik der Aufklärung. Amsterdam.

– (1956): Soziologische Exkurse. Frankfurter Beiträge zur Soziologie 4. Frankfurt.

Horn, Klaus (1967): Dressur oder Erziehung. Schlagrituale und ihre gesellschaftliche Funktion. Frankfurt.
– (1969): Politische und methodologische Aspekte gruppendynamischer Verfahren. Das Argument 50/3 1969 S. 261–283.
– (1972): Psychoanalyse – Kritische Theorie des Subjekts. Aufsätze. Frankfurt.
– (1972): Gibt es einen Aggressionstrieb? Psyche H. 10 1972 S. 799–817.
Horn, Klaus; Luhmann, Niklas; Narr, Wolf-Dieter; Rammstedt, Otthein und Röttgers, Kurt (1974): Gewaltverhältnisse und die Ohnmacht der Kritik. Frankfurt.
Jacobsen, Edith (1973): Das Selbst und die Welt der Objekte. Frankfurt.
Jacoby, Henry (1974): Alfred Adlers Individualpsychologie und dialektische Charakterkunde. Frankfurt.
Jaeggi, Urs (1973): Kapital und Arbeit in der Bundesrepublik. Frankfurt.
Jones, Ernest (1960): Das Leben und Werk von Sigmund Freud. Bd. I–III. Bern und Stuttgart 1960, 1962.
Kaiser, Karl (1970): Friedensforschung in der Bundesrepublik. Göttingen.
Kant Immanuel (1960 ff.): Werke in sechs Bänden (Hrsg. W. Weischedel). Wiesbaden und Darmstadt.
Kaufmann, Harry (1965): Definitions and methodology in the study of aggression. Psychological Bulletin 1965, Vol. 64, Nr. 5, S. 351–364.
Kneutgen, Johannes (1970): Der Mensch ein kriegerisches Tier. Stuttgart.
Koestler, Arthur (1968): Das Gespenst in der Maschine. Wien, München und Zürich.
– (1968): Der Konstruktionsfehler. Der Monat H. 241 Okt. 1968 S. 33–37.
Krader, Lawrence (1973): Ethnologie und Anthropologie bei Marx. München.
Krieger, Hans (1969): Der Mensch – von Natur aus destruktiv? Zu neuen Büchern von Alexander Mitscherlich. Die Zeit 14. 11. 1969.
– (1970): Angst vor dem Frieden. Die Lehre vom Aggressionstrieb und was dahinter steht. Die Zeit 5. 6. 1970.
Kries, Dietrich von (1969): Zur Kritik der Aggressionstrieb-Hypothese. Dynamische Psychiatrie. H. 3 Okt. 1969 S. 144 f.
Krippendorff, Ekkehart (Hrsg.) (1968): Friedensforschung. Köln und Berlin.
Kroner, Bernhard (1970): Zur Ausgangssituation einer psychologischen Friedensforschung. Das Argument H. 60/1970, S. 192 ff.
Kubie, Lawrence S. (1958): Psychoanalyse ohne Geheimnis. Hamburg.
Kuhn, Oskar (1965): Die Abstammungslehre. Tatsachen und Deutungen. Kreiling b. München.

Kunz, Hans (1946): Die Aggressivität und die Zärtlichkeit. Bern.
– (1975): Grundfragen der psychoanalytischen Anthropologie. Ausgewählte Abhandlungen. Göttingen.
Kutter, Peter (1970): Aspekte der Gruppentherapie. Psyche H. 10 Okt. 1970 S. 721–738.
Lange, Richard (1970): Das Rätsel der Kriminalität. Was wissen wir vom Verbrechen? Frankfurt.
Lantos, Barbara (1958): Die zwei genetischen Ursprünge der Aggression und ihre Beziehungen zu Sublimierung und Neutralisierung. Psyche H. 12 1958/59 S. 161–169.
Laplanche, Jean (1970): Marcuse und die Psychoanalyse. Berlin.
– (1974): Leben und Tod in der Psychoanalyse. Olten und Freiburg.
Lewin, Kurt (1953): Die Lösung sozialer Konflikte. Ausgewählte Abhandlungen über Gruppendynamik. Bad Nauheim.
– (1963): Feldtheorie in den Sozialwissenschaften. Bern und Stuttgart.
Lichtenstein, H. (1935): Zur Phänomenologie des Wiederholungszwanges und des Todestriebes. Imago XXI 1935 S. 466–480.
Lincke, Harold (1971): Der Ursprung des Ichs. Psyche H. 1 Jan. 1971 S. 1–30.
Lippitt, R. (1940): An experimental study of the effect of democratic and authoritarian group atmospheres. Univers. Iowa Stud. Child Welf. 16 1940 S. 45–195.
Lorenz, Konrad ($1952^6$): Er redete mit dem Vieh, den Vögeln und den Fischen. Wien.
– ($1954^9$): So kam der Mensch auf den Hund. Wien.
– (1963): Das sogenannte Böse. Zur Naturgeschichte der Aggression. Wien (33. unveränderte Aufl. 1973).
– (1965 a): Zur Naturgeschichte der Aggression. Neue Sammlung H. 4 1965 S. 296–308.
– (1965 b): Über tierisches und menschliches Verhalten. Aus dem Werdegang der Verhaltenslehre. Ges. Abh. Bd. I u. II. München.
– (1965 c): Darwin hat recht gesehen. Pfullingen.
– (1973): Die Rückseite des Spiegels. Versuch einer Naturgeschichte menschlichen Erkennens. München.
– und Leyhausen, Paul (1968): Antriebe tierischen und menschlichen Verhaltens. Gesammelte Abhandlungen. München.
Lorenzer, Alfred (1972): Perspektiven einer kritischen Theorie des Subjekts. Aufsätze, Vorlesungen und Vorträge. Frankfurt.
Löwith, Karl (1966): Die beste aller Welten und das radikal Böse im Menschen. Vorträge und Abhandlungen zur Kritik der christlichen Überlieferung. Stuttgart. S. 178–197.
Lumsden, Malvern (1970): The Instinct of Aggression: Science or Ideology? futurum H. 3 1970 S. 408–419.
Marcuse, Herbert (1965): Triebstruktur und Gesellschaft. Ein philosophischer Beitrag zu Sigmund Freud. Frankfurt.
– (1965): Kultur und Gesellschaft Bd. I und II. Frankfurt.

– (1966): Repressive Toleranz. Kritik der reinen Toleranz. Frankfurt.
– (1967): Der eindimensionale Mensch. Studien zur Ideologie der fortgeschrittenen Industriegesellschaft. Neuwied und Berlin.
– (1968): Psychoanalyse und Politik. Frankfurt.
– (1969): Versuch über die Befreiung. Frankfurt.
– (1969): Befreiung von der Überflußgesellschaft in: Cooper, David (Hrsg.) (1969): Dialektik der Befreiung. Reinbek, S. 90–101.
Marcuse, Herbert; Rapoport, Anatol; Horn, Klaus; Mitscherlich, Alexander; Senghaas, Dieter und Marković, Mihailo (1968): Aggression und Anpassung in der Industriegesellschaft. Frankfurt.
Marx, Karl; Engels, Friedrich (1956 ff.): Werke. Berlin.
Megargee, Edwin I.; Hokanson, Jack E. (1970): The Dynamics of Aggression. Individual, Group and International Analyses. New York.
Meierhofer, M.; Keller, W. (1970[2]): Frustration im frühen Kindesalter. Bern und Stuttgart.
Meili, Richard und Rohracher, Hubert (1971[3]): Lehrbuch der experimentellen Psychologie. Bern und Stuttgart.
Menaker, Esther und William (1971): Ich-Psychologie und Evolutionstheorie. Ergebnisse der psycho-biologischen Forschung. Stuttgart.
Merz, F. (1960): Über die Erfassung aggressiver Einstellungen mit Hilfe von Fragebogen. Psychol. Beiträge 5 1960 S. 402–415.
– (1965): Aggression und Aggressionstrieb. Handbuch der Psychologie II. Göttingen S. 569–601.
Milgram, Stanley (1967): Einige Bedingungen des „Autoritätsgehorsams" und seiner Verweigerung. H. Wiesbrock (Hrsg.): Die politische und gesellschaftliche Rolle der Angst. Frankfurt.
– (1974): Das Milgram-Experiment. Zur Gehorsamsbereitschaft gegenüber Autorität. Reinbek.
Mitscherlich, Alexander (1946): Entwicklungsgrundlagen eines freien Sozialismus. Heidelberg.
– (1946): Freiheit und Unfreiheit in der Krankheit. Das Bild des Menschen in der Psychotherapie. Hamburg.
– (1956): Aggression und Anpassung. Psyche H. 10 1956/57 S. 177 bis 193; Aggression und Anpassung II. Psyche H. 12 Dez. 1958/1959 S. 523–537.
– und Mielke, F. (1962): Medizin ohne Menschlichkeit. Dokumente des Nürnberger Ärzteprozesses. Frankfurt und Hamburg.
– (1964): Von der Liebe zur Wahrheit. Zum 25. Todestag Sigmund Freuds. Die Zeit 25. 9. 1964.
– (1965): Hemmen Tabus die Demokratisierung der deutschen Gesellschaft? Bergedorfer Protokolle 12. Hamburg und Berlin 1965.
– (1966): Die Relativierung der Moral. Merkur 20 1966 S. 19–35.
– (Hrsg.) (1969 a): Bis hierher und nicht weiter. Ist die menschliche Aggression unbefriedbar? Zwölf Beiträge. München.

– (1969 b): Über Feindseligkeit und hergestellte Dummheit. Frankfurt.
– (1969 c): Die Idee des Friedens und die menschliche Aggressivität. Frankfurt.
– (1970 a): Auf dem Weg zur vaterlosen Gesellschaft. Ideen zur Sozialpsychologie. München.
– und Mitscherlich, Margarete (1970 b): Die Unfähigkeit zu trauern. Grundlagen kollektiven Verhaltens. München.
– (1970 c): Versuch, die Welt besser zu bestehen. Fünf Plädoyers in Sachen Psychoanalyse. Frankfurt.
– (1970 d): Krieg und menschliche Aggressivität. Neue Rundschau H. 2 1970 S. 217–232.
– (1970 e): Aggression auf dem Seziertisch. Ein Publik-Gespräch mit Alexander Mitscherlich. Von Jürgen Markowitz und Ulrich Schwarz. Publik 4. 9. 1970.
– (1971): Psychoanalyse und die Aggression großer Gruppen. Psyche H. 6/7 1971 S. 463–475.
– (1973): Einführung in die Psychoanalyse. Vorlesungen. Amsterdam.
– (1974): Toleranz – Überprüfung eines Begriffs. Ermittlungen. Frankfurt.
Mitscherlich, Margarete (1970): Aggression – Überlegungen und Beispiele. Neue Rundschau H. 4 1970 S. 734–757.
– (1972): Müssen wir hassen? Über den Konflikt zwischen innerer und äußerer Realität. München.
Montagu, M. F. Ashley (Hrsg.) (1974): Mensch und Aggression. Der Krieg kommt nicht aus unseren Genen. Weinheim und Basel.
Moser, Tilmann (1969): Gruppenprotokolle aus einer Jugendstrafanstalt. Frankfurt.
– (1972): Theorien der Aggression – Psychoanalyse, Lernpsychologie, Verhaltensforschung. Neue Praxis H. 3 1972 S. 387–394.
Moyer, Kenneth E. (1971): The Physiology of Aggression. Chicago.
Naumann, Michael (1970): Das Opfer schrieb mit. Ein Bericht. Die Zeit 2. 10. 1970.
Neidhardt, Sack, Würtenberger, Lüscher, Thiersch, Collatz (1973): Aggressivität und Gewalt in unserer Gesellschaft. München.
Nerlich, Uwe (Hrsg.) (1966): Krieg und Frieden im industriellen Zeitalter. Gütersloh.
– (Hrsg.) (1966): Krieg und Frieden in der modernen Staatenwelt. Gütersloh.
Nolte, Helmut (1971): Über gesellschaftstheoretische Implikationen des Aggressionsbegriffs. Lepenies, Wolf und Nolte, Helmut. Kritik der Anthropologie. München.
Ohlmeier, Dieter (Hrsg.) (1973): Psychoanalytische Entwicklungspsychologie. Freiburg.
Orban, Peter (1973): Sozialisation. Grundlinien einer Theorie emanzipatorischer Sozialisation. Frankfurt.
Orgler, Herta (1974): Alfred Adler. Triumph über den Minderwertigkeitskomplex. München.

Pagès, Max (1974): Das affektive Leben der Gruppen. Stuttgart.
Parsons, Talcott (1964): Über wesentliche Ursachen und Formen der Aggressivität in der Sozialstruktur westlicher Industriegesellschaften. Soziologische Theorie. Neuwied und Berlin.
Pilgrim, Volker Elis (1974): Dressur des Bösen. Zur Kultur der Gewalt. München.
Pilz, Gunter A; Moesch, Hugo (1975): Der Mensch und die Graugans. Eine Kritik an Konrad Lorenz. Frankfurt.
Plack, Arno (1967): Die Gesellschaft und das Böse. Eine Kritik der herrschenden Moral. München (10. Aufl. 1971).
– (1969): Der Streit um die Aggression. Marginalien zu Marcuse und Mitscherlich. Die Zeit 21. 3. 1969.
– (Hrsg.) (1973): Der Mythos vom Aggressionstrieb. München.
Plessner, Helmuth (1964): Conditio humana. Pfullingen.
Ploog, Detlev (1964): Verhaltensforschung und Psychiatrie. Psychiatrie der Gegenwart. Forschung und Praxis. Grundlagenforschung zur Psychiatrie Teil B. Berlin, Göttingen; Heidelberg, S. 291–443.
Pollock, Friedrich (1955): Gruppenexperiment. Ein Studienbericht. Frankfurter Beiträge zur Soziologie Bd. 2. Frankfurt.
Popper, Karl R. (1957 f.): Die offene Gesellschaft und ihre Feinde. Bd. 1: Der Zauber Platons. 1957 Bd. 2: Falsche Propheten. Hegel, Marx und die Folgen. 1958 Bern.
– (1965[2]): Conjectures and Refutations. The Growth of Scientific Knowledge. London.
– (1966[2]): Logik der Forschung. Tübingen.
– (1973): Objektive Erkenntnis. Ein evolutionärer Entwurf. Hamburg.
Portmann, Adolf (1956): Zoologie und das neue Bild vom Menschen. Biologische Fragmente zu einer Lehre vom Menschen. Hamburg.
– (1964): Das Tier als soziales Wesen. Freiburg.
– (1970): Entläßt die Natur den Menschen? München.
Rapoport, Anatol (1967[2]): Fights, Games, and Debates. Michigan.
Rattner, Josef (1971[2]): Aggression und menschliche Natur. Individual- und Sozialpsychologie der Feindseligkeit und Destruktivität des Menschen. Olten und Freiburg.
– (1971): Individualpsychologie. Einführung in die tiefenpsychologische Lehre von Alfred Adler. München.
Redl, Fritz; Wineman, David (1970): Kinder, die hassen. Fehlfunktionen des Ich bei milieugeschädigten Kindern. Freiburg.
Redlich, Fredrick; Freedman, Daniel X. (1970): Theorie und Praxis der Psychiatrie. Frankfurt.
Regau, Thomas (1966): Schläge als späte Rache. Nehmen Ungeduld und Aggression unter uns zu? Die Zeit 16. 9. 1966.
Reich, Wilhelm (1931): Einbruch der Sexualmoral.
– (1933): Massenpsychologie des Faschismus.
– (1934): Dialektischer Materialismus und Psychoanalyse.

– (1934): Was ist Klassenbewußtsein?
– (1965): Die Funktion des Orgasmus. Zur Psychopathologie und zur Soziologie des Geschlechtslebens. Amsterdam.
– (1969 a): Die Entdeckung des Orgons. Die Funktion des Orgasmus. Köln und Berlin.
– (1969 b): Über Sigmund Freud. Berlin.
– (1969² c): Die sexuelle Revolution. Zur charakterlichen Selbststeuerung des Menschen. Frankfurt.
– (1970): Charakteranalyse. Köln und Berlin.
Reiche, Reimut (1969³): Sexualität und Klassenkampf. Zur Abwehr repressiver Entsublimierung. Frankfurt.
Rensch, Bernhard (1965): Homo sapiens. Vom Tier zum Halbgott. Göttingen.
Revers, W. J. (1969): Frustrierte Jugend. Bd. 1: Fälle und Situationen. Salzburg.
Ricoeur, Paul (1969): Die Interpretation. Ein Versuch über Freud. Frankfurt.
– (1971): Die Fehlbarkeit des Menschen. Phänomenologie der Schuld I. Symbolik des Bösen. Phänomenologie der Schuld II. Freiburg.
Riemann, Fritz (1975): Die schizoide Gesellschaft. München.
Riesman, David (1965): Freud und die Psychoanalyse. Frankfurt.
Röhm, Hartwig (1973³): Kindliche Aggressivität. Theorie und Praxis konfliktlösender Erziehung. Starnberg.
Röhrs, Hermann (1970): Friedenspädagogik. Frankfurt.
Röling, Bert V. A. (1970): Einführung in die Wissenschaft von Krieg und Frieden. Neukirchen-Vluyn.
Rom, Paul (1966): Alfred Adler und die wissenschaftliche Menschenkenntnis. Frankfurt.
Ruebsam, Ekkehard (1970): Der heilige Wilhelm Reich und sein Fetisch Genitalität. Das Argument 60 1970 S. 178–191.
Ruthe, Reinhold (1973): Erziehung zur Aggressionsbewältigung. München.
Rycroft, Charles (1972): Wilhelm Reich. München.
Sack, Fritz; König, René (1968): Kriminalsoziologie. Frankfurt.
Salzman, L., Schwidder, W. und Westerman Holstijn, A. J. (Hrsg.) (1968): Fortschritte der Psychoanalyse. Internationales Jahrbuch zur Weiterentwicklung der Psychoanalyse. Göttingen.
Schatz, Oskar (Hrsg.) (1970): Der Friede im nuklearen Zeitalter. München.
Scheidt, Jürgen vom (1973): Innenwelt-Verschmutzung. Die verborgene Aggression: Symptome, Ursachen, Therapie. München und Zürich.
Schindler, Sepp (1969): Aggressionshandlungen Jugendlicher. Ein Beitrag zur Psychologie vorsätzlicher Körperverletzungen (Hrsg. Österr. Institut für Jugendkunde). Wien und München.
Schmidbauer, Wolfgang (1972): Die sogenannte Aggression. Die kulturelle Evolution und das Böse. Hamburg.

Schmidt-Mummendey, Amélie und Schmidt, Hans Dieter (Hrsg.) (1971): Aggressives Verhalten. Neue Ergebnisse der psychologischen Forschung. München.
Schönpflug, U. (1970): Aggression. Historisches Wörterbuch der Philosophie (Hrsg. J. Ritter). Basel und Stuttgart.
Schülein, Johann August (1975): Das Gesellschaftsbild der Freudschen Theorie. Frankfurt.
Schultz-Hencke, Harald (1947²): Der gehemmte Mensch. Stuttgart.
Schulz, Walter (1962): Neue Wege und Ziele in der Philosophie. Universitas 17 1962 S. 1075–1094.
– (1965): Das Problem der Angst in der neueren Philosophie in: Ditfurth, Hoimar von (Hrsg.) (1965) S. 1–23.
– (1965): Wandlungen des Wirklichkeitsbegriffs. Universitas 20 1965 S. 579–592.
– (1968): Wandlungen der Begriffe „Schuld" und Verantwortung. Praxis der Psychotherapie H. 3 1968 S. 110–117.
– (1974²): Philosophie in der veränderten Welt. Pfullingen.
Schur, Max (1973): Sigmund Freud. Leben und Sterben. München.
Schurig, Volker (1974): Naturgeschichte als Erkenntnis- und Gesellschaftstheorie. Das Argument 88 1975 S. 806–818.
Schwanenberg, Enno (1971): Psychoanalyse versus Sozioanalyse oder die Aggression als kritisches Problem im Vergleich von Freud und Parsons. Psychoanalyse als Sozialwissenschaft. Frankfurt, S. 199–236.
Scott, J. P. (1958): Aggression. Chicago und London.
Selg, Herbert (1964): Zur Diagnostik der Aggressivität und Feindseligkeit. Diagnostica 10 1964 S. 54–75.
– (1965): Der Handtest als Indikator für offen aggressives Verhalten bei Kindern. Diagnostica 11 1965 S. 153–158.
– (1968): Diagnostik der Aggressivität. Göttingen (umfangr. Lit. Bericht).
– (Hrsg.) (1973³): Zur Aggression verdammt? Stuttgart.
Senghaas, Dieter (Hrsg.) (1970): Friedensforschung und Gesellschaftskritik. München.
– (1971): Aggressivität und kollektive Gewalt. Stuttgart.
Sève, Lucien (1972): Marxismus und Theorie der Persönlichkeit. Frankfurt.
Simmel, Georg (1958⁴): Der Streit. Soziologie. Berlin, S. 186–255.
Slater, Philip E. (1970): Mikrokosmos: Eine Studie über Gruppendynamik. Frankfurt.
Sombart, Werner (1913): Krieg und Kapitalismus. München und Leipzig.
Sperber, Manès (1970): Alfred Adler oder Das Elend der Psychologie. Wien, München und Zürich.
Spitz, René A. (1957): Die ersten Objektbeziehungen. Stuttgart.
– (1957): Nein und Ja. Die Ursprünge der menschlichen Kommunikation. Stuttgart.

– (1969²): Vom Säugling zum Kleinkind. Naturgeschichte der Mutter-Kind-Beziehungen im ersten Lebensjahr. Stuttgart.
Strotzka, Hans (1969): Zur Kritik von Herbert Marcuses Freud-Interpretation. Dynamische Psychiatrie. H. 3. Okt. 1969 S. 134 bis 143.
Sumner, W. G. (1906): Folkways. Boston.
Tembrock, Gunter (1964): Verhaltensforschung. Eine Einführung in die Tierethologie. Jena.
Tinbergen, N. (1956): Instinktlehre. Vergleichende Erforschung angeborenen Verhaltens. Berlin und Hamburg.
Ullmann, Dagmar (1974): Aggression und Schule. München.
Ussel, Jos van (1970): Sexualunterdrückung. Geschichte der Sexualfeindschaft. Reinbek.
Wegner, H. J. (1963): Die Körperverletzungen. Ein Beitrag zur Kriminologie und zur Systematik der Körperverletzungsdelikte. Frankfurt.
Weizsäcker, Carl Friedrich von (1964): Bedingungen des Friedens. Göttingen.
– (1965): Fragen an die Tiefenpsychologie. Gesellschaft und Neurose (Hrsg. Institut für Psychotherapie und Tiefenpsychologie). Stuttgart S. 7–33.
– (Hrsg.) (1971): Kriegsfolgen und Kriegsverhütung. München.
– (1975): Fragen zur Weltpolitik. München.
Werbik, Hans (1971): Versuch einer Bewertung der Frustrations-Aggressions-Hypothese in: Schmidt-Mummendey, Amélie (Hrsg.) (1971) S. 87–106 (dort weitere Lit.).
– (1974): Theorie der Gewalt. Eine neue Grundlage für die Aggressionsforschung. München.
Werner, Charles (1947): Das Problem des Bösen. Einführung in die Grundprobleme der Philosophie. Zürich.
Wexberg, Erwin (1926): Handbuch der Individualpsychologie. München.
Wickler, Wolfgang (1971): Die Biologie der Zehn Gebote. München.
Wiesbrock, Heinz (Hrsg.) (1967): Die politische und gesellschaftliche Rolle der Angst. Frankfurt.
Wittels, Fritz (1939): The Neo-Adlerians. American Journal of Sociology 45 1939.
Wyss, Dieter (1966²): Die tiefenpsychologischen Schulen von den Anfängen bis zur Gegenwart. Entwicklung, Probleme, Krisen. Göttingen.
– (1969): Marx und Freud. Ihr Verhältnis zur modernen Anthropologie. Göttingen.
– (1970²): Strukturen der Moral. Untersuchungen zur Anthropologie und Genealogie moralischer Verhaltensweisen. Göttingen.
Zwingmann, Ch. (Hrsg.) (1965): Selbstvernichtung. Frankfurt.
– (1970): Katastrophenreaktionen und kollektive Krisen. Frankfurt.

## Autorenregister